SCHULZ · GRIESBACH
DEUTSCHE SPRACHLEHRE FÜR AUSLÄNDER
GRUNDSTUFE 2. TEIL

SONDERAUSGABEN FÜR BESTIMMTE FACHRICHTUNGEN

SCHULZ · GRIESBACH
DEUTSCHE SPRACHLEHRE FÜR AUSLÄNDER
GRUNDSTUFE 2. TEIL

SONDERAUSGABEN FÜR BESTIMMTE FACHRICHTUNGEN

Franz Bäumchen

DER KAUFMANN

MAX HUEBER VERLAG

6. Auflage

3. 2. 1.	Die letzten Ziffern
1982 81 80 79 78	bezeichnen Zahl und Jahr des Druckes.

Alle Drucke dieser Auflage können nebeneinander benutzt werden.
© 1969 Max Hueber Verlag München
Gesamtherstellung: G. J. Manz AG, Dillingen · Printed in Germany
ISBN 3–19–001113–3

Vorwort

Dieses Buch ist für ausländische Kaufleute gedacht, die die deutsche Sprache für ihren Beruf erlernen möchten.

Wer sich mit einer Fremdsprache als Fachsprache beschäftigen will, muß zunächst Grundkenntnisse in dieser Sprache erwerben, denn diese sind die Voraussetzungen dafür, daß man sich sicher in der fremden Sprache auszudrücken lernt. Deshalb setzen die „Sonderausgaben für bestimmte Fachrichtungen" der DEUTSCHEN SPRACHLEHRE FÜR AUSLÄNDER erst bei dem zweiten Teil der Grundstufe ein. Der Ausländer kann bereits ein einfaches Gespräch korrekt auf Deutsch führen, er kann Fragen stellen und Erklärungen verstehen.

Im Rahmen eines Sprachlehrbuches sind der Verwendung des Fachwortschatzes gewisse Grenzen gesetzt. Dennoch wurde versucht, die häufigsten Situationen des Geschäftslebens sprachlich so auszuwerten, daß es dem Lernenden schon nach kurzer Zeit möglich wird, deutsche Geschäftsbriefe zu verstehen und in einfachem Deutsch zu beantworten.

Die einzelnen Abschnitte und die Progression der Grammatik entsprechen dem zweiten Teil der DEUTSCHEN SPRACHLEHRE FÜR AUSLÄNDER von Schulz—Griesbach, Max Hueber Verlag, München. Von einigen Abweichungen in der Anordnung abgesehen ist die Darstellung der Grammatik mit freundlicher Genehmigung der Verfasser unverändert übernommen worden. Das gleiche gilt für den systematischen Aufbau und die Art und Anordnung der Übungen.

Das Wörterverzeichnis nach Abschnitten ist so angelegt, daß die Verben mit Grundformen und Satzbeispielen (aus den Texten) als erste Wortgruppe besonders hervorgehoben, anschließend die Nomen mit ihren Grundformen und als letzte Gruppe die übrigen Wortarten angeführt werden. Für die Wortbedeutung im Kontext sollte das Wörterverzeichnis herangezogen werden (für Französisch: Complément à l'usage des étudiants français, Hueber-Nr. 2.1113), außerdem werden neben Übersetzungs- zahlreiche Kontrastübungen gebracht.

Paris, Mai 1969   Franz Bäumchen

Inhaltsverzeichnis

VI

ERSTER ABSCHNITT

Im Lebensmittelgeschäft

Frau Brandl geht mit ihrem fünf Jahre alten Sohn Peter in das kleine Lebensmittelgeschäft, in dem sie meistens einkauft. Zwischen dem Geschäftsinhaber, Herrn Engelmann, und der Kundin beginnt folgendes Gespräch:

Herr E.: Guten Tag, Frau Brandl!

Frau B.: Guten Tag, Herr Engelmann!

Herr E.: Was darf es heute sein?

Frau B.: Heute wird es viel, denn ich habe Gäste, und für morgen und übermorgen will ich auch gleich einkaufen. Zuerst, damit ich es nicht vergesse, ein Pfund Salz, abgepackt, und ein Kilo Zucker, Sie haben doch den feinen? Ein Kilo Mehl, es kann von der einfachen Sorte sein, ein Pfund Butter und zehn große Eier. Dann brauche ich noch zwei Glas Erdbeermarmelade und ein Paket Butterkeks.

Was haben Sie denn heute an Gemüse?

Herr E.: Heute kann ich Ihnen besonders die jungen Karotten empfehlen, ganz frisch; es ist nicht mehr viel davon da.

Frau B.: Sind sie sehr teuer? Was kosten sie?

Herr E.: 1,40 DM das Pfund; ich habe aber auch noch eine andere Sorte zu 80 Pfennig.

Frau B.: Ach nein, geben Sie mir bitte die Karotten zu 1,40. Dann brauche ich außerdem noch grüne Bohnen, sind sie von heute?

Herr E.: Ja, ich kann sie Ihnen auch sehr empfehlen, sie sind ganz frisch, allerdings kosten sie 2,— DM das Pfund, weil eine Lieferung ausgefallen ist.

Frau B.: Geben Sie mir trotzdem drei Pfund!

Herr E.: Sehr gern, Frau Brandl! Darf es noch etwas sein?

Frau B.: Bitte noch einen Eimer Waschpulver!

Herr E.: Waschpulver in Eimern ist mir leider ausgegangen. Wenn Sie das Waschpulver aber nicht sofort brauchen, kann ich es Ihnen für morgen oder Montag bestellen.

Frau B.: Vor Montag brauche ich es nicht. Sie sind so freundlich und schicken es mir zu?

Herr E.: Aber sicher, Frau Brandl, wahrscheinlich schon morgen!

Frau B.: So, das ist alles für heute!

Peter: Halt, für mich noch eine große Tüte Bonbons, bitte!

Herr Engelmann packt die gekauften Waren in die Einkaufstasche von Frau Brandl, die inzwischen bezahlt. Peter bekommt ein Stückchen Schokolade und bedankt sich höflich.

Ein Telefongespräch

Herr Engelmann ruft sofort bei der Firma Wirth, seiner Lebensmittelgroßhandlung, an. Dort ist Fräulein Becker am Apparat.

Frl. B.: Firma Wirth, guten Tag!

Herr E.: Guten Tag! Hier spricht Engelmann. Können Sie bitte eine eilige Bestellung aufnehmen?

Frl. B.: Selbstverständlich, Herr Engelmann!

Herr E.: Ich brauche dringend Waschpulver, 5 Eimer zu 3 Kilo, Lieferung wenn möglich noch heute.

Frl. B.: Reinil haben wir in Eimern zu 3 Kilo vorrätig.

Herr E.: Reinil? Die Marke kenne ich nicht. Können Sie mir die Ware empfehlen? Ich habe gute Kunden und muß auf Qualität achten.

Frl. B.: Es ist zwar eine neue Marke, soll aber sehr gut sein.

Herr E.: Gut, schicken Sie mir 5 Eimer davon! Geht es heute noch?

Frl. B.: Unser Firmenwagen kommt heute um 16 Uhr bei Ihnen vorbei. Reicht das?

Herr E.: Ja, vielen Dank!

Frl. B.: Haben Sie sonst noch Wünsche, Herr Engelmann?

Herr E.: Ich möchte noch einige andere Artikel bestellen, und zwar Fruchtsäfte der Marke „Sonnenglut", rheinisches Vollkornbrot in Packungen zu einem Pfund, Dreieckskäse Marke „Gletscher" und Schweineleberpastete in Büchsen, Marke „Feinschmecker". Sind es noch die gleichen Preise wie das letzte Mal?

Frl. B.: Aber sicher, Herr Engelmann. Unsere Preise steigen doch nicht so rasch.

Herr E.: Dann schreibe ich die Bestellung noch heute aus. Das Waschpulver haben Sie mir für heute versprochen, können Sie den Rest am Montag liefern?

Frl. B.: Ja, Herr Engelmann, wir schicken Ihnen die Ware am Montag zu, wenn Sie Ihre Bestellung noch heute abschicken.

Herr E.: Gut, dann ist ja alles in Ordnung. Auf Wiedersehen!

Frl. B.: Auf Wiederhören und vielen Dank!

2

Beantworten Sie folgende Fragen in ganzen Sätzen:

1. Mit wem geht Frau Brandl zum Einkaufen?
2. Wo kauft Frau Brandl meistens ein?
3. Was fragt der Kaufmann zuerst?
4. Kauft Frau Brandl heute viel oder wenig ein?
5. Was für Gemüse bietet der Kaufmann an?
6. Von welcher Sorte kauft Frau Brandl?
7. Weshalb sind die grünen Bohnen heute so teuer?
8. Warum kann Frau Brandl das Waschpulver nicht sofort mitnehmen?
9. Wo bestellt Herr Engelmann das Waschpulver?
10. Was will Herr Engelmann außerdem noch bestellen?
11. Wann liefert die Firma die bestellten Waren?
12. Wie stellt sie die Waren zu?

Übung 1: *Bilden Sie von folgenden Verben die 3. Person Singular und Plural im Präsens und im Präteritum!*

einkaufen — beginnen — geben — vergessen — versprechen — empfehlen — kosten — brauchen — ausstellen — schicken — verpacken — ausfallen — bezahlen — bekommen — sich bedanken — öffnen — verlassen — abschicken — wünschen — aufnehmen — steigen — liefern — zustellen

Übung 2: *Bilden Sie das Partizip Perfekt!*

1. beginnen — vergessen — empfehlen — bekommen — verlassen
2. kosten — gehen — brauchen — kommen — schicken — öffnen — wünschen — steigen — liefern
3. einkaufen — anbieten — abheben — aufnehmen — ausfallen — zuschicken
4. abschicken — sich bedanken — telefonieren — brauchen — einkaufen — geben — versprechen — kosten — quittieren — bezahlen quittieren — bezahlen

Übung 3: *Setzen Sie die Sätze ins Präteritum und ins Perfekt!*

1. Er geht mit der Mutter in das Geschäft. — 2. Sie kauft meistens in diesem Laden ein. — 3. Der Inhaber des Geschäfts beginnt ein Gespräch mit dem Kunden. — 4. Wir haben leider nicht viel Gemüse. — 5. Sie will frische Eier. — 6. Der Kaufmann empfiehlt die jungen Karotten. —

7. Die Kaufleute achten auf Qualität. — 8. Die grünen Bohnen kosten 2 Mark das Pfund. — 9. Sie braucht noch zwei Eimer Waschpulver. — 10. Der Kaufmann schickt dem Kunden die bestellten Waren zu. — 11. Die Kundin bezahlt die Ware und verläßt das Geschäft. — 12. Die Sekretärin nimmt eine dringende Bestellung auf. — 13. Die Preise der Waren steigen nicht so rasch. — 14. Der Kaufmann schreibt die Bestellung sofort aus.

Übung 4: *Bilden Sie die Verbformen (Präsens, Präteritum, Perfekt)!*

1. Frau Brandl ... (*einkaufen*) im Lebensmittelgeschäft. — 2. Der Geschäftsinhaber ... (*beginnen*) ein Gespräch mit Frau Brandl. — 3. Der Kaufmann ... (*anbieten*) seine Waren. — 4. Der Kunde ... (*vergessen*) etwas. — 5. Herr Engelmann ... (*empfehlen*) nur Qualitätswaren. — 6. Dieser Einkauf ... (*kosten*) nicht viel. — 7. Heute ... (*brauchen*) Frau Brandl kein Waschpulver. — 8. Die Sekretärin ... (*abheben*) den Hörer. — 9. Die Preise ... (*steigen*) meistens nicht so rasch. — 10. Fräulein Becker ... (*aufnehmen*) die Bestellung. — 11. Die Großhandlung ... (*zustellen*) ihren Kunden die Waren. — 12. Das Geschäft ... (*liefern*) mit seinem Firmenwagen.

Übung 5: *Ergänzen Sie die fehlenden Endungen!*

1. Kennen Sie den Name ... des Geschäftsinhabers? — 2. Wer ist der Inhaber dies ... Laden ...? — 3. Frau Brandl spricht mit Herr ... Engelmann. — 4. Er spricht mit dem Kunde ... — 5. Wir brauchen heute keine grün ... Bohne ... — 6. Diese Karotte ... sind zu teuer. — 7. Herr Engelmann gibt den Kinder ... ein Stück Schokolade. — 8. Die Sekretärin ... nehmen die Bestellung der Kunde ... auf. — 9. Frau Brandl verabschiedet sich von Herr ... Engelmann. — 10. Ich möchte heute diesen Artikel ... bestellen. — 11. Feinschmecker schätzen Pastete ... — 12. Liefern Sie uns morgen den Rest ....

Übung 6: *Bilden Sie die Pluralform der Nomen!*

1. Die Firma stellt die Ware mit ihrem Lieferwagen zu. — 2. Der Kaufmann schreibt die Bestellung aus. — 3. Ich möchte diesen Artikel bei Ihnen bestellen. — 4. Der Geschäftsinhaber verpackt die verkaufte Ware. — 5. Der Kleine bekommt ein Bonbon. — 6. Die Sekretärin nimmt die Bestellung auf. — 7. Der Preis dieser Lieferung ist hoch. — 8. Die Mutter kauft ihrem Kind eine Tüte mit Bonbons. — 9. Der Kauf-

mann schätzt den Wunsch des Kunden. — 10. Der Kunde hat die eingekaufte Ware in der Einkaufstasche.

Übung 7: *Bilden Sie die Singularform der Nomen!*

1. Die Kunden schätzen Waren von guter Qualität. — 2. Kaufleute müssen immer höflich sein. — 3. Gäste sollten nie zu lange bleiben. — 4. Die Kaufleute kennen die Wünsche ihrer Kunden. — 5. Feinschmecker kaufen immer gute Sorten.

Subjekt — Objekt

Das Subjekt bestimmt die Personalform des Prädikats:
> Heute *komme ich* nicht. – *Der Kaufmann geht* in sein Geschäft. – Am Wochenende *kaufen die Leute* viel.

Das Verb, das **das Prädikat** bildet, bestimmt *die Form und die Zahl der Objekte.*

Beispiele für

Verben, die **kein** *Objekt verlangen:*
> Die Frau kauft ein. – Hier spricht Engelmann.

Verben die **ein** *Objekt verlangen:*

Der Kaufmann fragt *die Kundin.*	**Akkusativ**objekt
Herr Engelmann antwortet *der Kundin.*	**Dativ**objekt
Die Mutter wartet *auf ihren Sohn.*	**Präpositional**objekt

Verben, die **zwei** *Objekte verlangen:*

Der Kaufmann bietet *dem Kunden die Ware* an.	**Dativ-** und **Akkusativ**objekt
Der Sohn bittet *die Mutter um Geld.*	**Akkusativ-** und **Präpositional**objekt
Peter dankt *dem Kaufmann für die Schokolade.*	**Dativ-** und **Präpositional**objekt

Wenn Subjekt und Objekt Nomen sind, ist *die normale Stellung im Satz*
> Subjekt – Dativobjekt – Akkusativobjekt
> Subjekt – Akkusativobjekt – Präpositionalobjekt
> Subjekt – Dativobjekt – Präpositionalobjekt

Wenn das Akkusativobjekt ein Personalpronomen ist, steht es *vor* dem Dativobjekt.
> Der Kaufmann bietet dem Kunden die Ware an.
>
> Er   bietet   sie   ⤴ ihm an.

Übung 8: *Wie heißen in diesen Sätzen die Subjekte und Objekte?*

1. Der Geschäftsinhaber empfiehlt den Kunden die jungen Karotten. — 2. Der Kunde kauft ein Kilo Mehl. — 3. Ein guter Kunde achtet immer auf Qualität. — 4. Der Kaufmann packt dem Kunden die gekauften Waren ein. — 5. Der Kunde bezahlt dem Kaufmann den Preis für die gekauften Waren.

Übung 9: *Antworten Sie zweimal mit einem ganzen Satz, zuerst mit Nomen, dann mit Pronomen!*

1. Wer packt Frau Brandl die gekauften Waren ein? (der Kaufmann) — 2. Wer bittet den Vater um Geld? (wir) — 3. Wer bestellt das Waschpulver bei der Firma Wirth? (Herr Engelmann) — 4. Wer schreibt die Bestellung für Herrn Engelmann aus? (Fräulein Becker) — 5. Wer hat dem Kind die Schokolade gegeben? (eine alte Dame) — 6. Wer hat Frau Brandl das Waschpulver gebracht? (ein Fahrer)

---

der Laden — das Geschäft — die Großhandlung
der Geschäftsinhaber — der Kaufmann — der Kunde — die Kundin
anbieten — empfehlen
brauchen — benötigen
bestellen — kaufen — einkaufen — —: Einkaufen
kosten — viel (wenig) kosten — teuer (billig) sein
liefern — zustellen
es reicht — es ist alles in Ordnung
was haben Sie an Gemüse?

---

ein Pfund Butter	zwei *Glas* Marmelade
zwei *Pfund* Mehl	ein Stück Schokolade
ein halbes (¹/₂) Pfund Bohnen	zehn *Stück* Schokolade
ein viertel (¹/₄) Pfund Bohnen	eine Packung Zigaretten
ein Glas Marmelade	drei *Packungen* Zigaretten

ZWEITER ABSCHNITT

Im Laden und im Lager

Herr Engelmann (zu seiner Angestellten, Fräulein Dahl): „Fräulein Dahl, bitte, sehen Sie nach, wie viele Flaschen ‚Sonnenglut' — Fruchtsaft —, wie viele Packungen rheinisches Vollkornbrot — Pfundpackungen —, wie viele Schachteln ‚Gletscher' — Dreieckskäse — und wie viele Büchsen ‚Feinschmecker'-Pasteten noch im Laden sind. Inzwischen will ich im Lager den Bestand feststellen. Ich muß nämlich noch heute bestellen, sonst bekommen wir die Lieferung nicht rechtzeitig."
Herr Engelmann geht ins Lager. Fräulein Dahl beginnt im Laden die einzelnen Artikel nachzuzählen und notiert, wieviel davon vorhanden ist:

„Sonnenglut"	3 Flaschen
„Vollkorn"	5 Packungen
„Gletscher"	3 Schachteln
„Feinschmecker"	1 Büchse

Herr Engelmann stellt im Lager folgenden Bestand fest:

„Sonnenglut"	2 Flaschen
„Vollkorn"	— — — —
„Gletscher"	4 Schachteln
„Feinschmecker"	2 Büchsen

Im Büro

Herr Engelmann kennt jetzt den Bestand dieser vier Artikel und kann die Bestellung ausschreiben. Er geht in sein Büro, setzt sich an die Schreibmaschine, nimmt Firmenpapier, Kohlepapier und Durchschlagpapier, legt diese sorgfältig übereinander und spannt sie in die Maschine ein. Dann schreibt er folgenden Brief an die Firma Wirth:

FRIEDRICH ENGELMANN

Lebensmitteleinzelhandelsgeschäft

seit 1911

München, Türkenstraße 23

An

Firma Wirth und Söhne
Großhandel mit Lebensmitteln

8 München
Oberländerstr. 14

München, den 21. März 1968

Betreff: Bestellung

Sehr geehrte Herren!

Ich beziehe mich auf mein Telefongespräch mit Ihrem Fräulein Becker und bestelle zur sofortigen Lieferung:

— 5 Eimer Waschpulver „Reinil"   zu DM 6,20 je Eimer
— 20 Flaschen Fruchtsaft „Sonnenglut"   zu DM 1,10 je Flasche
— 35 Packungen ($^1/_2$) rheinisches Vollkornbrot   zu DM 0,90 je Packung
— 30 Schachteln Dreieckskäse „Gletscher"   zu DM 1,50 je Schachtel
— 15 Büchsen „Feinschmecker"   zu DM 0,65 je Büchse

Das Waschpulver ist bereits geliefert; den Rest der Lieferung erwarte ich am Montag, den 24. März d. J.

Hochachtungsvoll

Friedrich Engelmann

Beantworten Sie folgende Fragen in ganzen Sätzen:

1. Wie heißt die Angestellte von Herrn Engelmann?
2. Worum bittet Herr Engelmann seine Angestellte?
3. Was will Herr Engelmann inzwischen tun?
4. Weshalb muß Herr Engelmann noch heute bestellen?
5. Wo schreibt Herr Engelmann die Bestellung?
6. Womit schreibt Herr Engelmann die Bestellung?
7. Was muß Herr Engelmann in die Maschine einspannen?
8. Worauf bezieht sich Herr Engelmann in seinem Brief?
9. Was bestellt Herr Engelmann?
10. Was soll am Montag geliefert werden?

8

Personalpronomen

Nom.	ich	du	er	es	sie	wir	ihr	sie
Akk.	mich	dich	ihn	es	sie	uns	euch	sie
Dat.	mir	dir	ihm	ihm	ihr	uns	euch	ihnen

Personalpronomen stehen für Nomen:

Hat *der Kaufmann* einen Laden? Ja, *er* hat einen Laden.
Haben Sie *die Flaschen* im Lager nachgezählt? Ja, ich habe *sie* nachgezählt.
Haben Sie *den Kunden* gekannt? Ja, wir haben *ihn* gekannt.

Reflexivpronomen

Nur die 3. Person (Singular und Plural) hat ein eigenes Reflexivpronomen: *sich*.

Fräulein Dahl notiert *sich* die einzelnen Artikel.
Herr Engelmann bezieht *sich* auf sein Gespräch mit Fräulein Becker.
Die Kunden sehen *sich* die Waren gut an.
Ich muß *mir* die Büchsen notieren.
Du beziehst *dich* auf dein Gespräch.
Wir setzen *uns* auf diese Bank.

Fragepronomen

	nach Personen	nach Sachen und Begriffen
Nom.	wer?	was?
Akk.	wen?	was?
Dat.	wem?	–
Gen.	wessen?	–

Die Wortstellung im Satz: Subjekt und Objekt sind Pronomen

1. (Der Kaufmann bietet seine Waren an)
   Er bietet *sie* an.
2. (Der Kaufmann bietet dem Kunden seine Waren an)
   Er bietet *sie* *ihm* an.
3. (Der Kunde bittet den Kaufmann um rasche Lieferung)
   Er bittet *ihn* darum.
4. (Der Kunde dankt dem Kaufmann für die Zustellung)
   Er dankt *ihm* dafür.

1. Subjekt – Prädikat – Akkusativobjekt
2. Subjekt – Prädikat – *Akkusativobjekt – Dativobjekt*
3. Subjekt – Prädikat – Akkusativobjekt – Präpositionalobjekt
4. Subjekt – Prädikat – Dativobjekt – Präpositionalobjekt

Übung 1: *Beantworten Sie die Fragen und gebrauchen Sie Personalpronomen!*

1. Wo soll Fräulein Dahl den Bestand feststellen? (*im Laden*) — 2. Wann wird der Kaufmann die Lieferung erhalten (*am Montag*) — 3. Wo schreibt Herr Engelmann die Lieferung aus? (*im Büro*)

Präpositionen (Wiederholung)

Präpositionen mit dem **Dativ:**

aus, bei, mit, nach, seit, von, zu – gegenüber

,gegenüber' kann auch hinter dem Nomen stehen.

Folgende Präpositionen verbinden sich mit dem bestimmten Artikel:

bei *dem* – bei*m*	zu *der* – zu*r*
von *dem* – vo*m*	
zu *dem* – zu*m*	

Präpositionen mit dem **Akkusativ:**

durch, für, gegen, ohne, um – entlang

,entlang' steht gewöhnlich nach dem Nomen.

Präpositionen mit dem **Akkusativ** und dem **Dativ:**

an, auf, hinter, in, neben, über, unter, vor, zwischen

Diese Präpositionen stehen mit dem Dativ (Frage: *wo?*); nur bei Ortsveränderung stehen sie mit dem Akkusativ (Frage: *wohin?*).

Folgende Präpositionen verbinden sich mit dem Artikel:

an *dem* – a*m*	an *das* – an*s*
in *dem* – i*m*	in *das* – in*s*

Präpositionen mit dem **Genitiv:**

(an)statt, trotz, während, wegen

Die Deklinationsformen, die eine Präposition verlangt (Rektion der Präpositionen), sind keine Funktionszeichen eines Satzglieds.

Übung 2: *Ergänzen Sie den Artikel!*

1. Die Schachteln sind in ... Laden. — 2. Der Kaufmann geht in ... Lager. — 3. Er setzt sich an ... Schreibmaschine. — 4. Du spannst das Papier vorsichtig in ... Maschine ein. — 5. Das Gemüse ist bei ... Kaufmann sehr billig. — 6. Der Kunde beginnt ein Gespräch mit ... Geschäftsinhaber. — 7. Frau Brandl geht zu ... Einkaufen in ... Geschäft. — 8. Bei ... Firma kommt die Lieferung immer rechtzeitig. — 9. Für ... Gast muß sie mehr einkaufen. — 10. Geben Sie mir, bitte, von ... Konfitüre! — 11. Das Telefon klingelt in ... Büro. — 12. In ...

10

Lager sind viele Waren. — 13. Sie kommt in ... Lager. — 14. In ...
Packung ist Salz. — 15. Dieser Einkauf reicht für ... Samstag und Sonntag.

Übung 3: *Ergänzen Sie die richtige Präposition!*

1. Ich möchte den Kaufmann ... Laden sprechen. — 2. Wir müssen
heute die Lieferung ... Bahnhof abholen. — 3. ... Geschäft ist das
Lager meistens ... Laden. — 4. Herr Engelmann arbeitet ... (sein)
Büro ... Lager. — 5. Im Geschäft liegt der Käse ... Milch, das Brot ...
Mehl.

Übung 4: *wieviel? wie viele?*

1. ... Flaschen Fruchtsaft hat der Kaufmann Engelmann im Lager? —
2. ... Büchsen Pastete bestellt er bei der Fa. Wirth? — 3. ... Pfund
Bohnen kauft Frau Brandl? — 4. ... Kinder hat Frau Brandl? — 5. ... kg
Zucker brauchen Sie im Monat? — 6. ... Packungen Vollkornbrot essen
Sie in der Woche?

Pronominaladverb da(r) (Wiederholung)

Warten Sie *auf Herrn Engelmann?* Ja, ich warte *auf ihn.*
Warten Sie *auf das Waschpulver?* Ja, ich warte *darauf.*
Hat mein Bruder *von mir* gesprochen? Ja, er hat *von dir* gesprochen.
Hat mein Bruder *von der Bestellung* gesprochen? Ja, er hat *davon* ge-
sprochen.
Fährst du *mit deinem Freund* nach Paris? Ja, ich fahre *mit ihm.*
Fährst du *mit diesem Wagen?* Ja, ich fahre *damit.*

wo- (vor Vokalen wor-)

An wen denken Sie? Ich denke an meine Kinder.
Woran denkst du? Ich denke an die Bestellung.
Mit wem sprachen Sie? Ich sprach mit Fräulein Becker.
Worüber sprachen Sie mit Fräulein Becker? Wir sprachen über meine
Bestellung.

Übung 5: *Antworten Sie auf folgende Fragen* (mit Personalpronomen
oder mit dem Pronominaladverb „da(r)"!)

1. Haben Sie mit der Angestellten gesprochen? — 2. Geht Frau Brandl
ohne die Kinder zum Einkaufen? — 3. Beschäftigt sich Herr Engelmann
viel mit seinem Geschäft? — 4. Hat die Sekretärin von der Bestellung
gesprochen? — 5. Hat der Kaufmann um rasche Lieferung gebeten? —
6. Wollen Sie die Waren mit dem Firmenwagen zustellen? — 7. Haben

Sie noch etwas von dem guten Gemüse? — 8. Wieviel möchten Sie von dem Gemüse haben? — 9. Sind die Kleinen mit einem Stück Schokolade zufrieden? — 10. Verläßt Frau Brandl den Laden mit ihrem Sohn?

Übung 6: *Fragen Sie nach den kursiv gedruckten Satzgliedern!*

1. Frau Brandl geht *mit ihren Kindern* zum Einkaufen. — 2. Gestern war die Angestellte nicht *im Geschäft.* — 3. Der Kunde wartet *auf die Liefe-rung.* — 4. Der gute Kaufmann denkt immer *an sein Geschäft.* — 5. Die Kinder freuen sich *auf die Feiertage.* — 6. Der Kunde hat sich sehr *über das billige Gemüse* gefreut. — 7. Die Kinder sprechen oft *von Süßig-keiten.* — 8. Die Angestellten fahren *mit dem Geschäftsinhaber* zu den Kunden. — 9. Herr Engelmann schreibt die Adresse *auf das Firmen-papier.* — 10. Die Angestellte schreibt immer *mit einem Bleistift.*

Modalverben (Wiederholung)

wollen:	Frau Brandl will für morgen einkaufen.
	Wir wollen in die Lebensmittelgroßhandlung gehen.
können:	Herr Engelmann kann immer frisches Gemüse anbieten.
	Der Kunde kann am Ende des Monats nicht viel einkaufen.
dürfen:	„Was darf es heute sein?"
	Herr Engelmann darf keine Marmelade essen.
	Die Kinder dürfen mit der Mutter zum Einkaufen gehen.
müssen:	Die Angestellten müssen am Samstag viel arbeiten.
	Wenn Herr Engelmann kein Waschpulver mehr hat, muß er es bestellen.

Übung 7: *Gebrauchen Sie in den folgenden Sätzen die richtigen Modal-verben!*

1. Die Mutter hat keine Erdbeermarmelade mehr, sie ... wieder ein Glas kaufen. — 2. Die Großeltern kommen am Sonntag zu Besuch. Frau Engelmann ... ihnen ein besonders gutes Mittagessen vorbereiten. — 3. Die Sekretärin war einige Wochen sehr krank. Sie ... nicht zuviel arbeiten. — 4. Die Kunden warten im Lager auf das Gemüse. Die Groß-handlung ... heute nicht liefern. — 5. Ein guter Kaufmann ... seinen Kunden nur frisches Gemüse empfehlen. — 6. Wenn der Kunde die gekauften Waren mitnehmen ..., ... er sie bezahlen. — 7. Die Lebens-mittelgroßhandlung hat keinen Firmenwagen. Sie ... nicht rechtzeitig liefern. — 8. Die Angestellte ... jeden Morgen pünktlich im Geschäft sein. Sie ... nicht zu spät kommen.

```
das Lager — der Bestand — der Artikel
die Bestellung — die Lieferung
ich beziehe mich auf
feststellen, nachzählen
das Firmenpapier (Kopfpapier)
```

- 2 Flaschen Fruchtsaft   zu DM 1,10 je Flasche
- 4 Schachteln Käse   zu DM 1,50 je Schachtel
- 3 Büchsen Leberpastete zu DM 0,65 je Büchse

DRITTER ABSCHNITT

In der Lebensmittelgroßhandlung

Fräulein Becker legt Herrn Wirth die schon geöffnete Morgenpost vor.
Herr Wirth sieht zuerst die Bestellungen durch. Dann beschäftigt er
sich mit der übrigen eingegangenen Post. Sobald Herr Wirth einen
Brief durchgelesen hat, schreibt er rechts oben einen kurzen Vermerk.
Dies ist besonders wichtig bei Bestellungen.
Auf dem Bestellbrief der Firma Engelmann vermerkt er: Lager! Sofort
ausliefern!
Fräulein Becker bringt alle bearbeiteten Bestellungen ins Lager und
übergibt sie dem Lageristen Bender. Herr Bender hat heute sehr viel
zu tun. Trotzdem kann er die von Herrn Engelmann bestellten Waren
rechtzeitig zum Versand fertigmachen. Die beiden anderen Lagerangestellten sind ihm dabei behilflich. Die Mitarbeiter im Lager befolgen die Anweisungen von Herrn Bender gern, denn er ist freundlich
und klar in seinen Weisungen.
Nachdem der Auftrag der Firma Engelmann zusammengestellt ist,
trägt der Lagerverwalter die einzelnen Posten nach Artikeln im Warenausgangsbuch ein. Danach geht die Bestellung mit dem Vermerk „erledigt" und der Unterschrift des Herrn Bender in das Büro zurück. Die
genaue Uhrzeit und der Tag werden handschriftlich vermerkt.
Fräulein Becker schreibt nun den Lieferschein und die Rechnung für
die Firma Engelmann aus.
Dann legt sie Herrn Wirth die Rechnung und den Lieferschein zur
Unterschrift vor, ein Lehrling bringt anschließend den Lieferschein in

die Versandabteilung. Von hier werden die bestellten Waren mit dem Lkw der Firma den Kunden zugestellt. Schon heute nachmittag erhält Herr Engelmann seine Bestellung. Bei der Übernahme bestätigt er mit seiner Unterschrift auf dem Doppel des Lieferscheins den Empfang der Lieferung. Die Rechnung geht Herrn Engelmann mit der Post zu.

Ein Lieferschein

KARL WIRTH UND SÖHNE
Großhandel mit Lebensmitteln
München, Oberländerstr. 14

An Firma

Friedrich Engelmann   München, den 23. März 1968
Lebensmittel-
einzelhandelsgeschäft

M ü n c h e n
Türkenstraße 23

Lieferschein Nr. 142

Wir lieferten Ihnen auf Grund Ihrer Bestellung vom
21. d. M. mit unserem Firmenwagen

     20 Flaschen Fruchtsaft "Sonnenglut"
     35 Packungen ($\frac{1}{2}$) rheinisches Vollkornbrot
     30 Schachteln Dreieckkäse "Gletscher"
     15 Büchsen "Feinschmecker" Leberpastete

                 Hochachtungsvoll

                 (Unterschrift)

Eine Rechnung

KARL WIRTH UND SÖHNE
Großhandel mit Lebensmitteln
München, Oberländerstr. 14

An Firma

Friedrich Engelmann   München, den 24. März 1968
Lebensmittel-
einzelhandelsgeschäft

M ü n c h e n
Türkenstraße 23

Rechnung Nr. 142

Für unsere Lieferung vom 20. bzw. 23. d. M. stellen
wir Ihnen in Rechnung:

Menge	Einheit	Einzel-preis	Gesamt-preis
5	Eimer W. "R."	zu DM 6,20	DM 31,--
20	Flaschen Fruchtsaft "S."	zu DM 1,10	DM 22,--
35	Packungen rh. Vollk.	zu DM 0,90	DM 31,50
30	Schachteln Dreiecks-käse "Gletscher"	zu DM 1,50	DM 45,--
15	Büchsen Leberpastete "F."	zu DM 0,65	DM 9,75
		Gesamt-betrag	DM 139,25

1 Monat Ziel, bei Zahlung innerhalb von 10 Tagen
3 % Skonto.

Hochachtungsvoll

(Unterschrift)

Beantworten Sie folgende Fragen!

1. Fräulein Becker legt Herrn Wirth die schon geöffnete Morgenpost vor. Was kann sie dazu sagen?
2. Auf dem Bestellbrief vermerkt Herr Wirth: Lager! Sofort ausliefern! Wie kann er dies sagen?
3. Fräulein Becker bringt die bearbeiteten Bestellungen ins Lager und übergibt diese Herrn Bender. Was kann sie ihm dabei sagen?
4. Herr Bender ist freundlich und genau in seinen Weisungen! Schreiben Sie so eine Weisung!
5. Die erledigte Bestellung geht in das Büro zurück. Was kann Herr Bender dazu sagen?
6. Fräulein Becker legt Herrn Wirth die Rechnung und den Lieferschein zur Unterschrift vor. Was sagt sie?
7. Fräulein Becker gibt den Lieferschein einem Lehrling. Was sagt sie zu ihm?
8. Der Lehrling bringt den Lieferschein in die Versandabteilung. Was sagt er dort?
9. Der Firmenwagen steht bereit, um die bestellten Waren aufzuladen. Was fragt der Fahrer dabei?
10. Der Fahrer übergibt die Waren und den Lieferschein dem Kunden. Was kann er dabei sagen?

Die Adjektivdeklination (Wiederholung)

Man dekliniert Adjektive, die **vor** den Nomen stehen.

Übersicht über die Endungen

hinter dem bestimmten Artikel, ebenso auch hinter den Demonstrativpronomen

	m.	n.	f.
Sing. Nom.	-e	-e	-e
Akk.	-en	-e	-e
Dat.	-en	-en	-en
Gen.	-en	-en	-en
Plur. Nom.	-en	-en	-en
Akk.	-en	-en	-en
Dat.	-en	-en	-en
Gen.	-en	-en	-en

hinter dem unbestimmten Artikel, ebenso auch hinter den Possessivpronomen (mein, dein usw.)

	m.	n.	f.
Sing. Nom.	-er	-es	-e
Akk.	-en	-es	-e
Dat.	-en	-en	-en
Gen.	-en	-en	-en
Plur. Nom.	-en	-en	-en
Akk.	-en	-en	-en
Dat.	-en	-en	-en
Gen.	-en	-en	-en

Übung 1: *Ergänzen Sie die Adjektivendungen!*

1. Dies ist eine wichtig... Bestellung. — 2. Die Sekretärin schreibt einen kurz... Vermerk. — 3. Der willig... Angestellte arbeitet viel. — 4. Der freundlich... Verwalter geht ins Büro. — 5. Die Angestellte notiert die einzeln... Posten. — 6. Geben Sie bitte die genau... Zeit an! — 7. Die bestellt... Waren kommen mit dem Firmenwagen. — 8. Frau Engelmann kauft das rheinisch... Brot. — 9. Der Geschäftsinhaber kennt die einzeln... Artikel. — 10. Das klein... Büro ist hinter dem Laden. — 11. Der fein... Zucker ist teuer. — 12. Die groß... Sorte ist nicht vorrätig. — 13. Die grün... Bohnen sind von gut... Qualität. — 14. Die Kinder bekommen ein... groß... Tüte mit Bonbons. — 15. Wir stellen dies... dringend... Bestellung noch heute zu.

Das Attribut

ist ein Wort, das ein anderes Wort erklärt, oder ein Ausdruck, der einen anderen Ausdruck erklärt, z. B.: der *tüchtige* Kaufmann, das Geschäft *des Kaufmanns*, das Schild *an der Tür*.

Übung 2: *Suchen Sie die Attribute in den Texten I und II.*

welcher? usw. – was für ein? usw. (Wiederholung)

Nach Attributen, die bei Nomen stehen, fragt man mit *welcher, -es, -e?* und *was für ein, eine?*

welcher usw. fragt nach Personen oder Sachen, die zu einer **bestimmten und bekannten Gruppe** oder Menge gehören. In der Antwort steht der bestimmte Artikel, ein Demonstrativpronomen, oder ein Possessivpronomen.
was für ein usw. fragt **allgemein** nach einer Beschreibung oder Erklärung. In der Antwort steht der unbestimmte Artikel; im Plural steht kein Artikel.

Übung 3: *Fragen Sie im Text III mit „welcher" oder „was für ein"?*

(Schriftlich: Frage und Antwort!)

Gliedsätze (Nebensätze; Wiederholung)

Satzglied: Der Lagerverwalter ist *wegen seiner klaren Weisungen* bei den Lagerangestellten beliebt.
Gliedsatz: Der Lagerverwalter ist bei den Lagerangestellten beliebt, *weil* er klare Weisungen *gibt.*
Im Gliedsatz steht das konjugierte Verb am Ende.
Die Konjunktion **weil** nennt den Grund (Frage: *warum?*)
Die Konjunktion **wenn** nennt die Bedingung.

Übung 4: *Bilden Sie Gliedsätze mit „weil"!*

1. Frau Brandl geht in den Laden von Herrn Engelmann. (Sie braucht ein Pfund Butter.) — 2. Sie kauft heute viel. (Sie hat Gäste und sie will auch für morgen und übermorgen einkaufen.) — 3. Ich empfehle Ihnen die jungen Karotten. (Sie sind besonders gut.) — 4. Nehmen Sie von den grünen Bohnen! (Sie sind ganz frisch.) — 5. Diese Bestellung ist dringend. (Der Kunde benötigt die Ware noch heute.) — 6. Wir bestellen sehr viel. (Die Preise sind nicht gestiegen.) — 7. Er stellt den Bestand im Lager fest. (Er will nicht zu viel bestellen.) — 8. Bitte liefern Sie diese Bestellung sofort aus! (Sie ist sehr wichtig.)

Übung 5: *Bilden Sie Gliedsätze mit „wenn"!*

1. Er muß mehr bezahlen. (Er will die große Sorte kaufen.) — 2. Ich muß das Waschpulver sofort bestellen. (Ich will das Waschpulver noch heute haben.) — 3. Wir dürfen die gekauften Waren mitnehmen. (Wir haben die Waren bezahlt.) — 4. Der Kaufmann muß den Warenbestand kennen. (Er will neue Waren bestellen.)

Relativpronomen (Wiederholung)

stehen vor Relativsätzen. Relativsätze sind Attribute. Das Relativpronomen vertritt im Relativsatz das Nomen, von dem der Relativsatz abhängt.

Der Kaufmann kennt die Sekretärin, *die seine Bestellung aufnimmt.*
(Die Sekretärin nimmt die Bestellung auf.)

Deklinationsformen des Relativpronomens:

	mask.	neutr.	femn.
Sing.: Nom.:	..., der ...	..., das ...	..., die ...
Akk.:	..., den ...	..., das ...	..., die ...
Dat.:	..., dem ...	..., dem ...	..., der ...
Plur.: Nom.:		..., die ...	
Akk.:		..., die ...	
Dat.:		..., denen ...	

Die Relativpronomen haben im Nom., Akk. und Dat. die gleichen Formen wie der bestimmte Artikel. Nur der **Dativ Plural** erhält noch die Endung **-en**: *denen*. Vergleichen Sie diese Form mit den Personalpronomen:

	Personalpronomen	Relativpronomen
den Freund ...	*ihn*	*... den ...*
den Freund**en** ...	*ihn***en**	*, denen*

Übung 6: *Bilden Sie Relativsätze!*

1. Fräulein Becker legt die Post vor. (Die Post ist schon geöffnet.) — 2. Herr Wirth sieht zuerst die Briefe durch. (Die Briefe sind sehr wichtig.) — 3. Der Vermerk ist kurz. (Der Kaufmann schreibt ihn rechts auf den Brief.) — 4. Die Sekretärin bringt die Bestellungen ins Lager. (Die Bestellungen sind bearbeitet.) — 5. Die Angestellten sind dem Lagerverwalter behilflich. (Der Lagerverwalter ist klar in seinen Weisungen.) — 6. Die Posten werden ins Warenausgangsbuch eingetragen. (Die Posten sind erledigt.) — 7. Die Firma stellt den Kunden die Waren zu. (Die Kunden wohnen in der Stadt.) — 8. Der Kunde erhält sofort seine Bestellung. (Der Kunde hat sein Geschäft sehr nahe.) — 9. Das Lebensmittelgeschäft ist sehr gut. (Frau Brandl kauft in dem Geschäft ein.)

Der Satz

I. Entscheidungsfrage, Aufforderungssatz

Entscheidungsfragen („ja" oder „nein")

> *Bittet* der Kunde den Kaufmann um rasche Lieferung?
> *Stellt* der Kaufmann dem Kunden die Ware zu?

Aufforderungssätze:

> *Kaufen* Sie nur gute Sorten!
> *Liefern* Sie sofort!
> *Zählen* Sie bitte die einzelnen Artikel nach!

Fragesätze mit Entscheidungsfragen und Aufforderungssätze
haben die gleiche Satzform: zuerst kommt die Personalform des Prädikats, dann die übrigen Satzglieder.

II. Aussagesatz, Ergänzungsfrage

> Er *beschäftigt* sich mit der Post. – Du *bringst* die Bestellungen ins Lager. – Heute *hat* die Sekretärin viel zu tun. – Fräulein Becker *schreibt* die Lieferscheine für die Kunden.

Diese Sätze teilen etwas mit, sie sind *Aussagesätze*. Bei den Aussagesätzen steht die Personalform des Prädikats an *zweiter* Stelle.

> Wann *wird* die Bestellung zugestellt? – Was *liefern* Sie mir heute? – Wer *nimmt* die Bestellung *auf*? – Mit wem *spricht* der Geschäftsinhaber?

Diese Fragesätze fragen nach einem Satzglied (Ergänzungsfragen). Die Frage steht vor der Personalform des Prädikats.

III. Nebensätze

Bei *Nebensätzen* (Gliedsätzen oder Attributsätzen), die mit einer Konjunktion (einem Relativpronomen usw.) beginnen, tritt die Konjunktion (oder das Relativpronomen) an die Stelle der Personalform. Das ganze Prädikat steht dann am Ende.

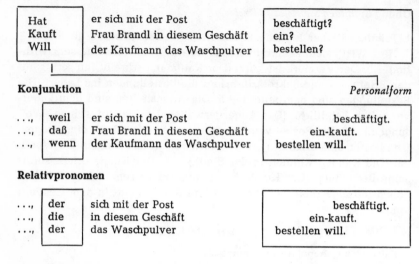

| Hat
Kauft
Will | er sich mit der Post
Frau Brandl in diesem Geschäft
der Kaufmann das Waschpulver | beschäftigt?
ein?
bestellen? |

Konjunktion   *Personalform*

| ...,
...,
..., | weil
daß
wenn | er sich mit der Post
Frau Brandl in diesem Geschäft
der Kaufmann das Waschpulver | beschäftigt.
ein-kauft.
bestellen will. |

Relativpronomen

| ...,
...,
..., | der
die
der | sich mit der Post
in diesem Geschäft
das Waschpulver | beschäftigt.
ein-kauft.
bestellen will. |

Übung 7: *Antworten Sie mit Personalpronomen! Beginnen Sie mit der Zeitangabe!*

1. Hat der Geschäftsinhaber gestern den Bestand festgestellt? — 2. Legt die Sekretärin jetzt die Morgenpost vor? — 3. Stellt der Lagerverwalter heute die Bestellung zusammen? — 4. Hat Herr Bender heute sehr viel zu tun? — 5. Stellen Sie die Lieferung übermorgen zu? — 6. Schreibt Fräulein Becker morgen den Lieferschein?

Großhandlung — Einzelhandelsgeschäft Post — Anschrift — Vermerk Lager — Versand — Lieferung — Zustellung Lieferschein — Rechnung Übernahme — Empfang Zahlung — Ziel — Skonto

VIERTER ABSCHNITT

Der Wareneingang

Am Montag fährt der Lieferwagen der Firma Wirth schon um 8 Uhr bei Herrn Engelmann vor. Der Fahrer und sein Kollege laden die Kartons ab. Herr Engelmann läßt sie ins Lager bringen. Dann unterschreibt er den Lieferschein und gibt dem wartenden Fahrer die Durchschrift zurück. Dieser ist ein alter Bekannter von Herrn Engelmann, und sie sprechen noch etwas miteinander über das Wetter, die Geschäfte und die Familie.

Am nächsten Tag sieht Herr Engelmann unter seiner Post auch die Rechnung der Firma Wirth liegen. Er nimmt sie und geht mit der Verkäuferin ins Lager. Sie soll mit ihm zusammen die Lieferung überprüfen und etwa fehlende Waren feststellen. Dann kann er sie als Zeugin benennen, wenn etwas fehlt. Sie hilft ihm die Kartons öffnen, in denen die von der Firma Wirth gelieferten Waren verpackt sind. Dann packen sie alles aus und zählen nach Artikeln ab. Dabei stellen sie fest, daß die Lieferung genau der Bestellung entspricht.

Fräulein Dahl geht dann gleich in den Verkaufsraum zurück, denn sie hört einen Kunden kommen. Herr Engelmann trägt die auftragsgemäß gelieferten Waren mit heutigem Datum in das Wareneingangsbuch ein. Auf der Rechnung vermerkt er: „In Ordnung, Zahlung am 4. 4."

Herr Engelmann nutzt immer den Skonto aus. Auf diese Weise spart er 3% vom Rechnungsbetrag. Manchmal jedoch, wenn er große Zahlungen leisten muß, wartet er bis zum 30. Tag nach dem Rechnungsdatum, denn solange gilt das Zahlungsziel. In diesem Fall nützt er das Ziel von einem Monat aus.

Beantworten Sie folgende Fragen!

1. Wann fährt der Lieferwagen der Firma Wirth vor?
2. Was macht Herr Engelmann mit den gelieferten Kartons?
3. Wem gibt er die Durchschrift des unterschriebenen Lieferscheins?
4. Warum spricht Herr Engelmann länger mit dem Fahrer?
5. Warum nimmt er seine Verkäuferin mit ins Lager?
6. Warum geht sie dann schnell wieder in den Verkaufsraum zurück?
7. Was vermerkt der Kaufmann auf der Rechnung?
8. Wo trägt der Geschäftsinhaber den Wareneingang ein?
9. Wie kann er den Skonto ausnützen?

10. Wie lange gilt das Zahlungsziel?
11. Wann nutzt der Kaufmann das Ziel aus?

Antworten Sie auf folgende Fragen!

1. Der Geschäftsinhaber bittet die Verkäuferin, ihm im Lager behilflich zu sein. Wie kann er dies sagen?
2. Der Kaufmann öffnet mit der Verkäuferin die Kartons, denn er will die Lieferung überprüfen. Was kann er dabei zu der Verkäuferin sagen?
3. Herr Engelmann und Fräulein Dahl haben festgestellt, daß die Lieferung genau der Bestellung entspricht. Was können sie dazu sagen?
4. Die Verkäuferin geht in den Laden zurück. Was sagt sie zu dem wartenden Kunden?

Das Adjektiv als Nomen

Die Frau kauft Kalbfleisch für *einen Kranken. Der Kranke* soll etwas *Leichtes* essen. – *Ein Kranker* darf nicht rauchen. – „Geben Sie *dem Kleinen* ein Stück Schokolade", sagte der Kaufmann zu *seiner Angestellten.*
Aber: Dort kommen zwei Kinder, *ein Junge* und ein Mädchen. – Auf der Straße spielen *viele Jungen.*

Nom.:	der	Kranke *(Mann)*	die	Kranke *(Frau)*	die	Kranken
Akk.:	den	Kranken	die	Kranke	die	Kranken
Dat.:	dem	Kranken	der	Kranken	den	Kranken
Gen.:	des	Kranken	der	Kranken	der	Kranken
Nom.:	ein	Kranker	eine	Kranke		Kranke
Akk.:	einen	Kranken	eine	Kranke		Kranke
Dat.:	einem	Kranken	einer	Kranken		Kranken
Gen.:	eines	Kranken	einer	Kranken		Kranker

In der Deklination behält das Adjektiv als Nomen die

Adjektivendungen.

Ebenso dekliniert man:

der Beamte	ein Beamter (die/eine/Beamtin)
der Verwandte	ein Verwandter (die/eine Verwandte)
der Bekannte	ein Bekannter (die/eine/Bekannte)
der Deutsche	ein Deutscher (die/eine/Deutsche)

Merken Sie sich besonders:

Nominativ maskulin:	der Fremde	ein Fremder
	der Kranke	ein Kranker
Nom. und Akk. neutral:	das Gute – etwas Gutes – viel Gutes – wenig Gutes
	aber: alles Gute	

Übung 1: *Ergänzen Sie die Endungen!*

1. Der Kaufmann gibt dem Klein... ein Stück Schokolade. — 2. Der Fahrer ist ein gut... Bekannt... von Herrn Engelmann. — 3. Meine Tante hat mir etwas Schön... mitgebracht. — 4. Heute ist etwas sehr Unangenehm... passiert. — 6. Er ist ein Angestellt... der Firma Wirth. — 7. Sind Sie ein Deutsch...? Nein, ich bin ein Franzos... — 8. Ich wünsche Ihnen alles Gut... zum Geburtstag.

Partizip Präsens

Sehen Sie den *arbeitenden* Verwalter? – Die *zahlenden* Kunden sind sehr beliebt. – Die *fehlenden* Waren werden morgen geschickt.

> Infinitiv + **d** = Partizip Präsens

Man gebraucht das Partizip Präsens wie ein Adjektiv, d. h. ein Partizip Präsens kann Attribut oder Nomen sein oder bei einem Verb stehen. Als Attribut oder als Nomen dekliniert man es wie ein Adjektiv.

Übung 2: *Bilden Sie Sätze nach folgendem Beispiel: Ein Kunde, der zahlt, ist ein zahlender Kunde!*

1. Ein Angestellter, der arbeitet, ist ... Angestellter. — 2. Eine Lieferung, die entspricht, ist ... Lieferung. — 3. Preise, die steigen, sind ... Preise. — 4. Ein Lagerverwalter, der überprüft, ist ... Lagerverwalter. — 5. Ein Auftrag, der bei der Firma eingeht, ist ... Auftrag. — 6. Die Abteilung, die ausliefert, ist ... Abteilung.

Übung 3: *Bilden Sie das Partizip Präsens in den folgenden Sätzen:*

1. Die Sekretärin öffnet dem Fahrer, der vor der Tür *wartet* und *klingelt*. — 2. Der Geschäftsinhaber notiert sich die Waren, die *fehlen*. — 3. Der Kunde fragt nach den Preisen, die jetzt noch *gelten*. — 4. Der Kaufmann wartet auf die Waren, die ihm heute *zugehen*. — 5. Die Bestellung muß in die Abteilung, die den Auftrag *bearbeitet*.

Beachten Sie: ein Mann, der reist, ist ein *Reisender;*
eine Frau, die reist, ist eine *Reisende;*
Leute, die reisen, sind *Reisende.*

Übung 4: *Ergänzen Sie die richtigen Modalverben!*
(können, müssen, wollen, dürfen?)

1. Das Telefon klingelt im Büro. Die Sekretärin ... den Hörer abheben. — 2. Die Bestellung ist sehr dringend. Der Geschäftsinhaber fragt den Lagerverwalter: „... wir noch heute ausliefern?" — 3. Der Kunde ruft bei seinem Lieferer an. Er ... etwas bestellen. — 4. Die Sekretärin antwortet dem Kunden: „Ich ... Ihre Bestellung aufnehmen." — 5. Die bestellte Ware ist angekommen. Der Kaufmann sagt zu seiner Angestellten: „Wir ... die Lieferung überprüfen." — 6. Der Fahrer kommt in den Verkaufsraum. Er fragt: „Wem ... ich die bestellten Waren übergeben?" — 7. Der Kunde will einen guten Wein haben. Die Verkäuferin fragt ihn: „Was ... der Wein kosten?" — 8. Der Kaufmann nützt das Ziel aus. Er ... zum Ende des Monats viele Zahlungen leisten. — 9. Der Kunde hat die verpackten Waren bezahlt. Die Verkäuferin ... ihm das Paket übergeben. — 10. Frau Brandl sagt zu ihrem Mann: „Ich habe nur noch fünfzig Mark. Ich ... nicht mehr viel einkaufen. Das Geld ... bis zum Monatsende reichen."

sollen

Sagen Sie Herrn Bender, er *soll* aus dem Lager ins Büro kommen. – Frau Engelmann sagt zu ihrem Mann: „Du *sollst* nicht so viel arbeiten."
Das Modalverb „sollen" drückt einen Befehl oder den Wunsch einer dritten Person aus.

Übung 5: *Bilden Sie Sätze mit „sollen", nach folgendem Beispiel:*

a) Schreiben Sie schnell!
b) Was sagt er?
c) Er sagt, Sie sollen schnell schreiben.

1. Überprüfen Sie diese Waren! — 2. Stellen Sie den Lagerbestand fest! — 3. Sehen Sie die Bestellungen durch! — 4. Nützen Sie den Skonto aus! — 5. Benennen Sie einen Zeugen! — 6. Packen Sie die Lieferung aus! — 7. Liefern Sie den Auftrag aus! — 8. Seien Sie dem Verwalter behilflich! — 9. Klingeln Sie lange! — 10. Übergeben Sie die Waren nur dem Geschäftsinhaber!

In vielen Geschäften *sollen* alle Preise gestiegen sein. – Bei diesem Kaufmann *soll* man immer gut einkaufen. – Dieser Angestellte *soll* gut gearbeitet haben.
In diesen Sätzen gebraucht man „sollen", weil man etwas erzählt, das man nur gehört (oder gelesen) hat.

Wenn ich es selbst gesehen habe, sage ich:

In vielen Geschäften sind alle Preise gestiegen. – Bei diesem Kaufmann kauft man immer gut ein. – Dieser Angestellte hat gut gearbeitet.

Übung 6: *Wie sagen Sie, wenn Sie das Folgende nur gehört oder gelesen, nicht aber gesehen haben?*

1. Herr Bender arbeitet in der Firma Wirth. – 2. Der Lagerverwalter ist sehr freundlich zu den Angestellten. – 3. Die Preise für das Gemüse steigen wieder. – 4. Dieser Kaufmann hat einen Laden in Augsburg. – 5. Sie ist Sekretärin in einer Lebensmittelgroßhandlung.

Perfekt der Modalverben

1. Die Angestellten *haben* heute länger arbeiten müssen. – Der Fahrer *hat* nicht kommen *können*, weil er krank war.
2. Das haben wir nicht *gewollt*.

1. Wenn Modalverben mit einem Infinitiv zusammenstehen, bilden sie *das Perfekt mit ihrem Infinitiv* (nicht mit ihrem Partizip Perfekt!).
2. Wenn das Modalverb allein im Satz steht, bildet es das Perfekt regelmäßig mit dem Partizip Perfekt.

Übung 7: *Bilden Sie das Perfekt!*

1. Der Kaufmann will um 10 Uhr mit dem Versand beginnen. – 2. Der Geschäftsinhaber will heute nicht ins Lager gehen. – 3. Der Fahrer will den Auftrag ausliefern, aber er kann die Firma nicht finden. – 4. Die Sekretärin darf die Briefe nicht öffnen. – 5. Der Lagerverwalter muß den Warenausgang eintragen. – 6. Die Lebensmittelgroßhandlung will die fehlenden Waren sofort liefern. – 7. Die Angestellten müssen die Waren auspacken. – 8. Der Kaufmann will den Wareneingang noch heute eintragen. – 9. Der Kunde will den Skonto ausnützen. – 10. Der Geschäftsinhaber muß viele Zahlungen leisten.

Objekt + Infinitiv

helfen – hören – sehen

Die Verkäuferin *hilft* dem Kaufmann die Waren *auspacken*. (= Der Kaufmann packt die Waren aus. Die Verkäuferin ist ihm behilflich.)
Die Sekretärin *hört* den Kunden im Telefon *sprechen*. (= Der Kunde spricht im Telefon. Die Sekretärin hört ihn.)
Der Kaufmann *sieht* Frau Brandl vor der Tür *stehen*. (Frau Brandl steht vor der Tür. Der Kaufmann sieht sie.)

Das Objekt der Verben *helfen, hören, sehen* kann einen Infinitiv erhalten. (Beachten Sie: Beim Verb *helfen* müssen Subjekt und Objekt die gleiche Handlung tun.)

Übung 8: *Bilden Sie nach obigen Beispielen Sätze mit Objekt + Infinitiv.*

1. Ich höre den Kaufmann; er spricht mit dem Kunden. — 2. Helfen Sie der Verkäuferin; sie packt die Waren aus. — 3. Du siehst den Angestellten; er kommt aus dem Büro. — 4. Er sieht die Sekretärin; sie schreibt eine Rechnung. — 5. Wir helfen dem Lagerverwalter; er stellt den Auftrag zusammen. — 6. Sie hören Herrn Wirth; er kommt zur Tür herein.

lassen

1. Der Geschäftsinhaber läßt den Kunden die Waren auswählen. (Die Kunden wollen es, und er erlaubt es.)
2. Der Kaufmann läßt den Bestand feststellen. (Man stellt den Bestand fest. Der Kaufmann will es so.)

Übung 9: *Wie müssen Sie sagen, wenn Sie folgende Handlungen erlauben:*

1. Die Verkäuferin spricht sehr lange mit einem Kunden. — 2. Die Kinder gehen in das Geschäft. — 3. Mein Angestellter schreibt auf der Schreibmaschine. — 4. Die Sekretärin liest die Briefe. — 5. Die Sekretärin geht schon um 6 Uhr nach Hause.

Übung 10: *Wie sagen Sie, wenn die folgenden Personen die Handlungen nicht selbst tun?*

1. Der Kaufmann verpackt die Waren. — 2. Der Geschäftsinhaber schreibt den Lieferschein. — 3. Herr Engelmann stellt den Bestand fest. — 4. Herr Wirth stellt den Auftrag zu. — 5. Der Kaufmann überprüft die Lieferung. — 6. Herr Wirth sieht die Morgenpost durch. — 7. Herr Bender trägt den Warenausgang ein. — 8. Der Kaufmann zählt die Pakete nach. — 9. Herr Wirth übergibt die Bestellung. — 10. Herr Bender stellt den Auftrag zusammen.

Perfekt von „helfen, hören, sehen, lassen"

Die Verkäuferin *hat* dem Kaufmann die Waren *auspacken helfen.* — Die Sekretärin *hat* den Kunden am Telefon *sprechen hören.* — Der Kaufmann *hat* Frau Brandl vor der Tür *stehen sehen.*

„helfen, hören, sehen" bilden das Perfekt mit ihrem Infinitiv (vgl. Perfekt der Modalverben, S. 25).

Übung 11: *Bilden Sie das Perfekt!* (Vgl. Perfekt der Modalverben, S. 25)

1. Hören Sie den Kunden sprechen? — 2. Er hilft dem Fahrer die Kartons tragen. — 3. Wir sehen den Lkw vor der Firma stehen. — 4. Herr

Wirth läßt die Waren zu den Kunden bringen. — 5. Sehen Sie die Angestellten in das Lager gehen? — 6. Sie helfen dem Geschäftsinhaber auspacken. — 7. Du hörst die Verkäuferinnen kommen. — 8. Herr Engelmann läßt das Paket zustellen.

so ... wie – nicht so ... wie

Das Geschäft des Herrn Engelmann ist *nicht so* groß *wie* das Geschäft des Herrn Wirth.
Der Lagerverwalter arbeitet *so* viel *wie* die Packer.

```
      so – wie  =  Gleichheit
nicht so – wie  =  Ungleichheit
```

Übung 12: *Bilden Sie Sätze wie die obigen Beispiele!*

1. Mehl und Zucker sind nicht gleich teuer. — 2. Die Sekretärin und der Lagerverwalter sind gleich freundlich. — 3. Die Karotten und die grünen Bohnen sind nicht gleich teuer. — 4. Die Arbeit der Sekretärin und die Arbeit der Verkäuferin ist nicht gleich schwer. — 5. Die Zahlungen im Einzelhandel und im Großhandel sind nicht gleich groß.

```
verpacken — auspacken
überprüfen — feststellen
als Zeuge benennen — Verkäuferin
Warenausgangsbuch — Wareneingangsbuch
den Skonto ausnützen
das Ziel ausnützen
```

FÜNFTER ABSCHNITT

Eine Mängelrüge

Herr E.: „Guten Tag, Frau Brandl!"

Frau B.: „Guten Tag, Herr Engelmann!"

Herr E.: „Womit kann ich Ihnen heute dienen, Frau Brandl?"

Frau B.: „Das neue Waschpulver hat mir viel Ärger bereitet. Es hat fast keine Kraft. Ich mußte viel mehr als sonst nehmen. *Ich bin mit diesem Waschpulver sehr unzufrieden.*"

Herr E.: „Das tut mir aber leid, Frau Brandl, daß Sie Ärger mit dem neuen Waschpulver hatten. Ich lasse den Rest sofort abholen und liefere Ihnen dafür einwandfreie Ware, wenn es Ihnen recht ist."

Frau B.: „Natürlich ist es mir recht, Herr Engelmann. Auch mir tut es leid, daß Sie nun solche Mühe haben.

Herr E.: „Mein Großhändler hat mir dieses Waschpulver besonders empfohlen und für beste Qualität garantiert. Ich setze mich gleich mit ihm in Verbindung, sicher hat er auch von anderer Seite schon eine Klage gehört. Auf alle Fälle möchte ich mich bei Ihnen dafür entschuldigen."

Frau B.: „Nun gut, Herr Engelmann, auf Wiedersehen."

Peter: „Ich war auch unzufrieden! Sie haben mir weniger Schokolade gegeben als sonst."

Herr E.: „Dafür gebe ich dir heute ein größeres Stück!"

Peter: „Danke, Herr Engelmann!"

Herr E.: „Auf Wiedersehen, Frau Brandl!"

Die Mängelrüge im Brief

1. Herr Engelmann schreibt der Fa. Wirth folgenden Brief:

Betreff: Ihre Lieferung Waschpulver vom 25. 3.

Sehr geehrte Herren!

Einer meiner Kunden hat sich heute über das Waschpulver — obige Lieferung — beschwert. Die Ware soll nur eine sehr geringe Waschkraft haben. Da der Kunde mir seit Jahren gut bekannt ist, trifft diese Feststellung sicher zu. Deshalb muß ich Ihre obige Lieferung beanstan-

den und um Neulieferung von einwandfreier Ware bitten. Die bemängelte Ware stelle ich Ihnen selbstverständlich zur Verfügung. Für
eine schnelle Erledigung wäre ich Ihnen dankbar.

(Unterschrift)

2. Fa. Wirth schreibt an Fa. Engelmann:

Betreff: Ihre Mängelrüge vom ...

Sehr geehrter Herr Engelmann!

Wir müssen uns wegen der obigen Lieferung bei Ihnen entschuldigen.
Ihre Beanstandung besteht zu Recht. Wir haben wegen dieser Ware
inzwischen auch von anderen *Abnehmern* Reklamationen erhalten und
vom Lieferwerk erfahren, daß die gesamte Sendung unbrauchbar ist.
Wir werden Ihnen noch heute einwandfreie Ware zugehen lassen und
die unbrauchbare zugleich zurücknehmen. Bitte nehmen Sie uns diesen
Fehler in der Lieferung nicht übel; wir möchten auch weiterhin auf
Ihr Vertrauen als langjähriger Kunde rechnen.

(Unterschrift)

I. Antworten Sie auf folgende Fragen mit ganzen Sätzen!

1. Womit ist Frau Brandl unzufrieden?
2. Weshalb ist Frau Brandl mit dem Waschpulver unzufrieden?
3. Was macht Herr Engelmann mit dem unbrauchbaren Waschpulver?
4. Was sagt Herr Engelmann zu Frau Brandl?
5. Wer ist außerdem noch unzufrieden?
6. Bei wem beanstandet Herr Engelmann das Waschpulver?
7. Worum bittet Herr Engelmann den Großhändler?
8. Was antwortet die Großhandlung auf den Brief der Fa. Engelmann?
9. Was will die Fa. Wirth mit dem unbrauchbaren Waschpulver tun?
10. Worum bittet die Fa. Wirth die Fa. Engelmann?

*II. Beschreiben Sie in der dritten Person das Gespräch von Frau Brandl und
Herrn Engelmann und die beiden Briefe der Firmen Engelmann und
Wirth!*

Die Komparation

Der Laden von Herrn Engelmann ist groß. Das Geschäft des Herrn
Wirth ist größer. Sein Geschäft ist das größte in der Stadt.

groß – größer – der, das, die größte – ist die Komparation (Steigerung) der
Adjektive (als Attribut).

	Grundform (I) als Attribut	Komparativ (II) als Attribut	Superlativ (III) als Attribut
1. billig	billig-	billig-*er*-	billig-*st*-
weit	weit-	weit-*er*-	weit-*est*-
2. dunkel	dunkl-	dunkl-*er*-	dunkel-*st*-
teuer	teur-	teur-*er*-	teuer-*st*-
3. alt	alt-	*ält-er*-	*ält-est*-
4. groß	groß-	*größ-er*-	*größ-t*-
hoch	hoh-	*höh-er*-	*höch-st*-
nah	nah-	*näh-er*-	*näch-st*-
gut	gut-	*bess-er*-	*be*-st-
		bess-r-	
viel	viel-	*meh-r*	*mei*-st-

1. Man bildet den Komparativ mit der Endung **-er**
   den Superlativ mit der Endung **-st** oder **-est**.
2. Adjektive auf **-el** und **-er** verlieren im Komparativ das letzte „e".
3. Die meisten einsilbigen Adjektive haben im Komparativ und Superlativ den Umlaut.
4. Nur wenige Adjektive haben eine unregelmäßige Komparation.

Merken Sie sich! Ausnahmen bei der Adjektivdeklination ohne Artikel (Nom., Akk.).

viel	Geld	mehr	Geld	das meiste	Geld
viele	Waren	mehr	Waren	die meisten	Waren
wenig	Geld	weniger	Geld	das wenigste	Geld
wenige	Waren	weniger	Waren	die wenigsten	Waren

Die attributiven Adjektive folgen auch in ihrer Komparativ- und in ihrer Superlativform der Adjektivdeklination: der läng-er-*e* Weg, ein läng-er-*er* Weg, der läng-st-*e* Weg.

Übung 1: *Bilden Sie die Komparationsformen und ergänzen Sie die Endungen!*

1. Herr Keller hat ein großes Geschäft. Herr Sommer hat ein groß ... Geschäft als Herr Keller. Herr Busch hat das groß ... Geschäft. — 2. Kennen Sie das gut ... (III) Waschpulver? — 3. Geben Sie mir bitte eine kleine Flasche! Haben Sie kein ... klein ... (II) Flasche? Nein, das ist die klein ... (III). — 4. Dieses Gemüse ist frisch. Die Karotten sind

frisch... (II) als die Erbsen. Der Spargel ist heute am frisch... (III). —
5. Für diesen Kuchen nehme ich das fein... (III) Mehl. Nein, bitte,
nicht dieses Mehl. Dieses hier ist fein... (II) als das andere. — 6. Von
welchem Zucker wünschen Sie? Von diesem hier, der teuer... (II) ist,
oder von der teuer... (III) Sorte? — 7. Dieser Laden hat billige Eier.
Am Markt sind die Eier billig... (II). Die billig... (III) Eier gibt es
auf dem Land. — 8. Herr Engelmann hat viele Waren. Herr Wirth hat
viel... (II) Waren als Herr Engelmann. Ein anderer Großhändler hat
die viel... (III) Waren. — 9. Diese Butter ist gut. In meinem Milch-
laden gibt es gut... (II) Butter. Ich kaufe immer die gut... (III)
Butter. — 10. Die Firma von Herrn Keller ist nahe. Die Firma von Herrn
Sommer ist nahe... (II). Das nahe... (III) Geschäft ist neben unserem
Haus. — 11. Die jung... Verkäuferin arbeitet im Lager. Die jung...
(II) Verkäuferin arbeitet im Lager und im Laden. Die jung... (III)
Verkäuferin arbeitet nur im Laden.

Übung 2: *Bilden Sie Sätze nach folgendem Beispiel:*

> ich, mein Freund, Herr Wirth: haben, groß, Haus
> Ich habe ein großes Haus. Mein Freund hat ein größeres
> Haus. Herr Wirth hat das größte Haus.

1. Hermann, Karl, mein Bruder: sein, fleißig, Angestellter. — 2. Die
Sekretärin, Frau Brandl, Frau Wirth: tragen, gut, Kleid. — 3. Werner,
Kurt, ich: kaufen, viel, Gemüse. — 4. Peter, Renate, Inge: bekommen,
viel, Schokolade. — 5. Frau Brandl, Herr Brandl, Peter: essen, viel,
Obst.

Das Adjektiv beim Verb

a) die gute Sekretärin
b) diese Sekretärin arbeitet gut.

a) die *gute* Sekretärin: das Adjektiv „*gut*" erklärt das Wort „*Sekretärin*" (als
   Attribut)
b) ... arbeitet *gut*: „*gut*" erklärt das Verb „*arbeiten*".
   Die Verkäuferin arbeitet lange. Der andere Lagerangestellte arbeitet
   länger. Herr Bender arbeitet am längsten.

Das Adjektiv beim Verb hat im Komparativ dieselbe Form wie das Adjektiv
beim Nomen (länger), den Superlativ bildet man mit *am ... sten*.

Das Adverb „gern":

> Renate trinkt *gern* Milch; Herr Brandl trinkt *lieber* Bier; Frau Brandl
> trinkt *am liebsten* Wein.

Übung 3: *Bilden Sie Sätze nach folgendem Beispiel:*

alt sein: Frau Engelmann, Herr Engelmann, die Mutter von Frau Engelmann
Frau Engelmann ist alt, Herr Engelmann ist älter, die Mutter von Frau Engelmann ist am ältesten.

1. freundlich sein: die Sekretärin, Herr Bender, Herr Wirth. — 2. viel Bier trinken: Herr Wirth, die Angestellten, der Lagerverwalter. — 3. kosten viel: der Zucker, die Marmelade, die Schokolade. — 4. schnell zustellen: das Waschpulver, die Karotten, der Spargel. — 5. gut reinigen: warmes Wasser, die Seife, das Waschpulver.

daß vor Nebensätzen

I.

Du bist gestern nicht gekommen. Es tut mir leid.
Es tut mir leid, *daß* du gestern nicht gekommen bist. (Was tut mir leid?)
Es ist mir bekannt, daß diese Ware unbrauchbar ist. (Was ist mir bekannt?)
Daß diese Ware unbrauchbar ist, ist mir bekannt.

Die Konjunktion „daß" steht vor Gliedsätzen (Subjektsätzen). Wenn der Subjektsatz nicht vorn steht, beginnt der Satz mit „es".

Übung 4: *Bilden Sie Subjektsätze mit der Konjunktion „daß"!*

1. Der Kaufmann benötigt Waren für seine Kunden. Es ist bekannt. — 2. Dieses Obst war nicht gut. Es tut mir leid. — 3. Du kommst morgen zu mir. Es ist mir recht. — 4. Dieser Angestellte hat mir viel Ärger bereitet. Es ist bekannt. — 5. Wir müssen diese Ware beanstanden. Es tut uns leid.

II.

Die Firma Wirth hat viele Kunden. Ich weiß es.
Ich weiß, daß die Firma Wirth viele Kunden hat. (Was weiß ich?)
Ich habe erfahren, daß dieser Kunde nur die beste Qualität kauft. (Was habe ich erfahren?)

Die Konjunktion „daß" steht auch vor Gliedsätzen, die für das Akkusativobjekt stehen.

Übung 5: *Bilden Sie Objektsätze mit der Konjunktion „daß"!*

1. Die ganze Sendung ist unbrauchbar. Wir haben es erfahren. — 2. Wir haben die Waren nicht sofort geliefert. Der Kunde hat es uns übel-

genommen. — 3. Die Bestellung ist zusammengestellt. Wir haben es gesehen. — 4. Die Lagerangestellten müssen viel arbeiten. Wir wissen es. — 5. Der Fahrer des Firmenwagens ist noch in der Stadt. Ich habe es gehört.

III.

Herr Engelmann sprach davon, daß er morgen wieder bestellen wird. (Wovon sprach Herr Engelmann?)
Der Kaufmann freut sich darüber, daß seine Kunden zufrieden sind. (Worüber freut sich der Kaufmann?)

Übung 6: *Bilden Sie Objektsätze!*

1. Ich kann dieses Waschpulver nicht gebrauchen. Ich habe mich darüber geärgert. — 2. Der Großhändler hat sofort einwandfreie Ware geliefert. Herr Engelmann dankt ihm dafür. — 3. Mein Freund hat tausend Mark gefunden. Ich glaube nicht daran. — 4. Mein Vater will ein neues Geschäft beginnen. Er sprach davon.

Der Gebrauch der Zeitformen

Im Deutschen unterscheidet man:
1. die *Gegenwart*, das ist die Zeit, in der wir leben oder in der wir sprechen;
2. die *Vergangenheit*, das ist die Zeit, die hinter uns liegt;
3. die *Zukunft*, das ist die Zeit, die vor uns liegt.

Für die Gegenwart gebraucht man:
das *Präsens:* Die Verkäuferin arbeitet (jetzt) im Laden.

Für die Zukunft gebraucht man:
das *Präsens:* Er fährt morgen nach Paris.
das *Perfekt:* Morgen ist die dringende Bestellung zusammengestellt.

Für die Vergangenheit:
das *Präteritum* (= *Imperfekt*) oder das *Perfekt:*
Im Januar arbeitete ich sehr viel. Im Januar habe ich sehr viel gearbeitet.

das *Plusquamperfekt* für eine Handlung, die vor einer anderen Handlung in der Vergangenheit beendet ist:
Er hat diese Sorte gekauft, weil der Kaufmann ihm diese Waren empfohlen hatte.

das *Präsens:*
Er liegt schon seit drei Wochen im Krankenhaus.

Übung 7: *Welche Zeitformen (Präsens usw.) finden Sie in diesen Sätzen?*

1. Ich fahre morgen nach Düsseldorf. — 2. Sie arbeitet an den Lieferscheinen. — 3. Gestern habe ich mit Herrn Engelmann gesprochen. —

4. Er will im Monat August wenig arbeiten. − 5. Ich konnte ihm nicht schreiben, weil ich keine Zeit hatte. − 6. Bis morgen habe ich bestimmt die Bestellung geschrieben. − 7. Die Sekretärin arbeitet schon zwei Jahre in der Firma Wirth. − 8. Nächste Woche kaufe ich nichts ein. − 9. Wenn ich kein Geld habe, kann ich mir nichts kaufen.

---

ich bin damit (mit dieser Ware) unzufrieden
das hat mir viel Ärger bereitet
das tut mir leid
wenn es Ihnen so recht ist
ich muß mich dafür entschuldigen
wir müssen uns wegen ... (+ Gen.) entschuldigen
wir rechnen weiterhin auf Ihr Vertrauen
wir bitten Sie, uns dies nicht übel zu nehmen

---

etwas bemängeln − Bemängelung
etwas beanstanden − Beanstandung
Mängelrüge − Reklamation
einwandfreie Ware liefern
zur Verfügung stellen

SECHSTER ABSCHNITT

Der Geschäftsbeginn

Es ist jetzt sieben Uhr. Trotz der frühen Zeit sind schon viele Leute unterwegs, denn sie wollen rechtzeitig an ihren Arbeitsplatz kommen. Herr Engelmann ist auch eben vor seinem Geschäft angekommen. Er schließt zuerst das Lager auf und betritt den Laden durch die hintere Tür. Inzwischen ist auch Fräulein Dahl gekommen. Beide bereiten alles für den Geschäftsbeginn vor. Um halb acht Uhr wird der Laden geöffnet, dies ist die Öffnungszeit für den Lebensmitteleinzelhandel. Es kommen auch einige Kunden, die schon jetzt ihre Einkäufe erledigen müssen, weil sie berufstätig sind und erst nach Geschäftsschluß nach Hause kommen.

Herr Engelmann kann jedoch seiner Angestellten nicht bei der Bedienung der Morgenkundschaft helfen. Der Bierwagen fährt vor, und er muß die Bierlieferung übernehmen. Er bittet den Fahrer um 6 Kisten helles Bier, das sind 72 Flaschen. Die Flasche kostet 0,50 DM ohne Flaschenpfand. Herr Engelmann übergibt dem Fahrer 6 Kisten mit leeren Flaschen. Deshalb hat er nur den Bierpreis zu entrichten, d. h. 36,— DM, die er dem Bierkutscher *bar* bezahlt.

Ein Überweisungsauftrag

Nach einiger Zeit sind die ersten Kunden bedient. Herr Engelmann weiß, daß um diese Zeit nicht mehr viele Kunden auf einmal kommen. Deshalb will er in seinem Büro arbeiten.

Zuerst schreibt er seiner Bank einen kurzen Brief:

An

Städtische Gewerbebank

8 München 2

Promenadeplatz 17

München, den 2. 4. 68

Betreff: Konto Nr. 7435

Ich bitte zu Lasten meines obigen Kontos den Betrag von 136,42 DM (einhundertsechsunddreißig) auf das Konto Nr. 23043 (Kontoinhaber Fa. Wirth und Söhne) bei der Dresdner Bank in München zu überweisen.

Als Verwendungszweck wollen Sie bitte angeben: „Ausgleich der Rechnung vom 24. 3. 68".

(Unterschrift)

Überweisungsauftrag

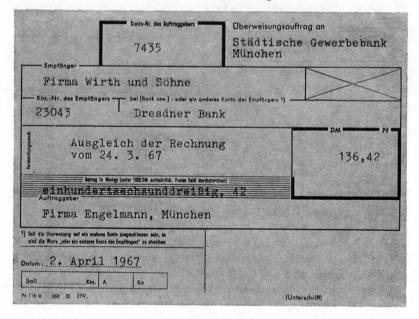

Konto-Nr. des Auftraggebers	Überweisungsauftrag an
7435	Städtische Gewerbebank München

Empfänger

Firma Wirth und Söhne

Kto.-Nr. des Empfängers — bei (Bank usw.) - oder ein anderes Konto des Empfängers ¹)

23043   Dresdner Bank

Verwendungszweck

Ausgleich der Rechnung
vom 24. 3. 67

DM | Pf
136,42

Betrag in Worten (unter 1000 DM entbehrlich. Freies Feld durchstreichen)

~~einhundertsechsunddreißig, 42~~

Auftraggeber

Firma Engelmann, München

¹) Soll die Überweisung auf ein anderes Konto ausgeschlossen sein, so
sind die Worte „oder ein anderes Konto des Empfängers" zu streichen

Datum: **2. April 1967**

Soll	Kto.	A	Ko

N 116 a   558   30   EFV.   (Unterschrift)

Konto-Auszug

Firma Engelmann

Wir haben nachstehende Buchungen auf Ihrem Konto vorgenommen. Dieser Tagesauszug weist den vor und nach Eintragung der Buchung sich ergebenden Kontostand aus. Sämtliche auf dem Konto vorgenommenen Buchungen geben wir mittels eines solchen Tagesauszuges auf und bitten bei Eintreffen desselben an Hand des vorhergehenden Auszuges den vorgetragenen Kontostand zu vergleichen. Bei etwaigen Unstimmigkeiten ersuchen wir um sofortige Verständigung. Die Gutschrift von Wechseln, Schecks, Kupons erfolgt unter üblichem Vorbehalt (E.v.) Diese Mitteilung wird von der Bank nicht unterschrieben.

STÄDTISCHE GEWERBEBANK, München

Datum	Buchungstext	Wert	Umsätze		Alter Saldo Soll = S Alter Saldo Hab. = H	Kto.-Nr.	Unter Kto.
			Soll	Haben			
	Saldo	1.4.			5634,50 H		
3.4.67	Zahlung	2.4.	136,42		5498,08 Ha	7435	

Erläuterungen der im Buchungstext angewandten Abkürzungen siehe Rückseite   Neuer Saldo Soll = So   Neuer Saldo Haben = Ha

Ein Rechnungsausgleich

Herr Engelmann hat noch etwas Zeit, bis die Kunden, die vormittags einkaufen, in seinen Laden kommen. Diese Zeit will er ausnützen, um

36

die Fa. Wirth zu verständigen, daß er ihre Rechnung ausgeglichen hat. Zu diesem Zweck schreibt er auch der Fa. Wirth einen kurzen Geschäftsbrief:

An

Fa. Wirth

München

Oberländerstraße 14   München, den 2. 4. 68

Betreff: Ausgleich der Rechnung Nr. 142 vom 24. 3. 68
Zum Ausgleich Ihrer obigen Rechnung

im Betrag von	139,20 DM
abzüglich 3% Skonto	2,78 DM
neuer Betrag	136,42 DM

habe ich meine Bank, die Städtische Gewerbebank, beauftragt, diesen Betrag auf Ihr Konto bei der Dresdner Bank zu überweisen.

(Unterschrift)

Herr Engelmann hat bei der Städtischen Gewerbebank ein Konto. Das ist ein Karteiblatt mit einer Nummer (= Kontonummer), mit seinem Firmennamen, mit seiner Anschrift und mit seiner Unterschrift.
Alle Beträge, die er oder andere *auf sein Konto* einzahlen oder überweisen lassen, werden *dem Konto gutgeschrieben.* Der Betrag auf dem Konto ist *das Guthaben.* Durch den Überweisungsauftrag zugunsten der Fa. Wirth *wird das Konto mit diesem Betrag belastet.* Das bedeutet, daß der Betrag von 136,42 DM vom Guthaben abgezogen wird (= saldiert wird). Der Restbetrag ist der neue *Saldo.*

Beantworten Sie folgende Fragen mit ganzen Sätzen!

1. Wann öffnen die Lebensmittelläden in der Bundesrepublik?
2. Warum schließt Herr Engelmann zuerst das Lager auf?
3. Was muß für den Geschäftsbeginn vorbereitet werden?

4. Welche Kunden kommen zuerst?
5. Wann ist Geschäftsschluß?
6. Welche Waren übernimmt Herr Engelmann als erste?
7. Was ist Flaschenpfand?
8. Wie bezahlt Herr Engelmann die Rechnung der Firma Wirth?
9. Wem gibt er den Auftrag, den Betrag zu überweisen?
10. Weshalb läßt er den Verwendungszweck angeben?
11. Wen verständigt Herr Engelmann noch vom Ausgleich der Rechnung?
12. Was ist ein Bankkonto?
13. Erklären Sie den Ausdruck: „dem Konto gutschreiben"!
14. Was ist das „Guthaben"?
15. Wodurch kann das Konto belastet werden?
16. Was ist der Saldo?

1. Das Verb „haben":

> Herr Engelmann hat einen Laden. — Peter hat eine Schwester. — Der Kaufmann hat nicht viel Zeit.

2. Das Verb „sein" verlangt eine Ergänzung, wie z. B.:

Adjektiv:	Der Angestellte ist wieder *gesund.*
	Das Geschäft ist *bekannt.*
	Herr Bender ist sehr *freundlich.*
Adverb:	Die Sekretärin ist nicht *hier.*
Präposition:	Das Lager ist *zu.*
Präpositionaler Ausdruck:	Frau Brandl ist nicht *zu Haus.*
Nomen im Nominativ:	Herr Wirth ist ein bekannter *Kaufmann.*

> Die Sekretärin *hat* die Arbeit beendet. *(Handlung)*
> Die Arbeit ist beendet. *(Zustand)*

Übung 1: *Ändern Sie die Sätze nach folgendem Beispiel!*

> Die Sekretärin hat den Brief geschrieben. Jetzt ist er geschrieben.

1. Der Lagerverwalter hat die Bestellung fertiggestellt. — 2. Herr Engelmann hat die Tür aufgeschlossen. — 3. Der Kaufmann hat den Laden geöffnet. — 4. Wir haben unsere Einkäufe besorgt. — 5. Der Fahrer hat den Bierwagen vorgefahren. — 6. Herr Engelmann hat die Lieferung übernommen. — 7. Der Kaufmann hat sechs Kisten Bier bezahlt. — 8. Die Angestellte hat die ersten Kunden bedient. — 9. Die

Bank hat den Betrag überwiesen. — 10. Wir haben den Verwendungszweck angegeben. — 11. Du hast die Rechnung ausgeglichen.

Übung 2: *Bilden Sie das Perfekt!*

1. Der Lagerbestand ist festgestellt. — 2. Der Brief ist geschrieben. — 3. Die Bestellung ist fertiggestellt. — 4. Die Tür ist zugeschlossen. — 5. Der Laden ist geöffnet. — 6. Die Einkäufe sind besorgt. — 7. Der Bierwagen ist vorgefahren. — 8. Die Lieferung ist übernommen. — 9. Das Bier ist bezahlt. — 10. Die ersten Kunden sind bedient. — 11. Der Betrag ist überwiesen.

3. Das Verb „werden" verlangt Ergänzungen wie „sein" und beschreibt damit den Zustand des Subjekts. Die Ergänzungen von „werden" können sein:

Adjektiv:	Jetzt wird es sehr *warm*.
Nomen im Nominativ:	Er will Kaufmann werden.
	Mein Bruder ist Lagerverwalter geworden.

Übung 3: *Ergänzen Sie die Verben „haben", „sein" oder „werden"!*

1. Dieses Geschäft ... immer Waren von Qualität. — 2. Meine Schwester will Sekretärin ... — 3. Wir ... kein Auto. — 4. Dieses Einzelhandelsgeschäft ... weit von der Fa. Wirth. — 5. Die Arbeit im Geschäft ... beendet. — 6. Wenn die Kunden lange auf die Bedienung warten müssen, ... sie unzufrieden. — 7. Wenn Sie dieses Fleisch essen, ... sie krank. — 8. Diese Verpackung ... sehr beliebt.

Bestimmtheit	*Vermutung*
Herr Bender stellt jetzt die Bestellung zusammen.	Herr Bender wird jetzt die Bestellung zusammenstellen.
Die Leute gehen jetzt einkaufen.	Die Leute werden jetzt einkaufen gehen.
Ihr habt den Fahrer gefragt.	Ihr werdet den Fahrer gefragt haben.
Der Kaufmann will im Lager arbeiten.	Der Kaufmann wird im Lager arbeiten wollen.
Du kannst im Mai mit der Arbeit beginnen.	Du wirst im Mai mit der Arbeit beginnen können.
Die Angestellten müssen auch am letzten Sonntag vor Weihnachten arbeiten.	Die Angestellten werden auch am letzten Sonntag vor Weihnachten arbeiten müssen.

„werden" + Infinitiv ist eine Vermutung des Sprechers.

Bestimmtheit	*Augenblickliche Absicht*
Ich *gehe* morgen ins Geschäft.	Ich *werde* morgen ins Geschäft *gehen.*
Wir kaufen uns heute feine Schokolade.	Wir werden uns heute feine Schokolade kaufen.

Die Absicht liegt in der Gegenwart, die Handlung liegt in der Zukunft.

Übung 4: *Drücken Sie in den folgenden Sätzen ihre Vermutung aus:*

1. Er hat in seiner Firma viele Angestellte. — 2. Der Fahrer muß morgen viel arbeiten. — 3. Herr Engelmann muß heute viele Briefe schreiben. — 4. Im Laden haben viele Kunden gewartet. — 5. Er hat kein Gemüse gehabt. — 6. Der Kaufmann hat einen Brief an seine Bank geschrieben. — 7. Der Kunde hat die Ware beanstandet. — 8. Der Lieferer hat einwandfreie Ware geliefert.

Das Passiv

Die Angestellten arbeiten auch am Sonntag im Lager. — Der Fahrer bringt die Waren zu den Kunden. – Die Leute erzählten mir viel von diesem Kaufmann. – Die Mitarbeiter sprachen viel über ihn.

Bei einer *Handlung* ist der Täter wichtig (Angestellte, Fahrer, Leute, Mitarbeiter).
Bei einem *Vorgang* ist der Täter nicht wichtig.

Handlung	*Vorgang*
Herr Engelmann schreibt einen Brief.	Er bekommt einen Brief.
Der Fahrer fährt den Bierwagen.	Der Bierwagen fährt.

Präsens:	Im Lager *wird* auch am Sonntag *gearbeitet.*
Präteritum:	Im Lager *wurde* auch am Sonntag *gearbeitet.*
Perfekt:	Im Lager *ist* auch am Sonntag *gearbeitet worden.*
Plusquamperfekt:	Im Lager *war* auch am Sonntag *gearbeitet worden.*

Wenn man einen Vorgang beschreiben will, gebraucht man meistens das Passiv. Man bildet die Passivform eines Verbs mit *werden + Partizip Perfekt.* Die Zeitformen bildet immer das Verb „werden": werden (wird), wurde, ist ... worden. Beim Passiv hat das Partizip Perfekt von **werden** *kein Vorsilbe* **ge-!**

Im Lager wird auch am Sonntag gearbeitet. – Die Waren werden zu den Kunden gefahren. – Mir wurde viel von diesem Kaufmann erzählt. – Über ihn wurde viel gesprochen.

Wenn man einen Satz ins Passiv setzt, behalten alle Satzglieder auch im Passivsatz ihre Deklinationsform; nur Objekte im Akkusativ bekommen die Nominativform.

Man bildet das Passiv:

1. Passivform des Verbs: werden + Partizip Perfekt;
2. ein Akkusativobjekt erhält die Nominativform;
3. die Personalform des Verbs richtet sich nach dem Nominativ;
4. wenn kein Nominativ im Satz steht, hat *werden* die Personalform der 3. Person Singular;
5. wenn man den Täter nennen will, steht er meistens hinter der Präposition „von".

Übung 5: *Bilden Sie das Passiv! Nennen Sie den Täter nicht!*

1. In der Fabrik stellt man viel Waschpulver her. — 2. Auf meine Telefonanrufe antwortet man mir nicht. — 3. Man kauft nicht immer die teuersten Waren. — 4. Man liefert nicht immer am nächsten Tag. — 5. Man nützt nicht bei jedem Rechnungsausgleich den Skonto aus. — 6. Man bezahlt nicht alle Rechnungen bar. — 7. Man beanstandet nicht die guten Waren. — 8. Man schreibt nicht gern eine Mängelrüge. — 9. Man gibt dem Kaufmann die unbrauchbare Ware zurück. — 10. Man bezahlt nicht sofort unter Kaufleuten.

Übung 6: *Bilden Sie das Passiv! Nennen Sie den Täter nicht!*

1. Der Lagerverwalter bearbeitet die Bestellung nach den Weisungen des Firmeninhabers. — 2. Frau Brandl gebraucht viel Waschpulver zum Waschen. — 3. Wann schließt Herr Engelmann den Laden ab? — 4. Braucht der Kaufmann die Schreibmaschine noch? — 5. Herr Wirth liest die Briefe durch. — 6. Wann öffnen die Geschäfte? — 7. Am Sonntag essen die Gäste bei Frau Brandl sehr viel.

Übung 7: *Bilden Sie das Passiv! Achten Sie auf die richtigen Zeitformen! Nennen Sie den Täter der Handlung nicht!*

1. Fräulein Dahl hat den Bestand im Laden festgestellt. — 2. Der Fahrer hat die Waren vom Firmenwagen abgeladen. — 3. Ein Kunde hat diese Geschichte beim Einkauf erzählt. — 4. Die Kaufleute benutzen das Telefon für dringende Bestellungen. — 5. Herr Engelmann hat diesen Kunden schon eine Woche nicht mehr gesehen. — 6. Die Sekretärin fragte den Kaufmann am Telefon nach seinem Namen. — 7. Die Waschpulverfabrik hat in der letzten Zeit keine einwandfreien Waren geliefert. — 8. Die Sekretärin führte den Fahrer ins Lager.

Übung 8: *Wiederholen Sie die Übung 7 und nennen Sie den Täter!*

Geschäftsbeginn	— Geschäftsschluß
aufschließen	— abschließen
öffnen	— schließen
Öffnungszeit	— Ladenschlußzeit
den Preis entrichten	— bezahlen
bar bezahlen	— mit einer Banküberweisung bezahlen
zu Lasten	— zugunsten
gutschreiben	— belasten
eine Rechnung ausgleichen	
auf das Konto überweisen	— dem Konto gutschreiben
von dem Konto überweisen	— das Konto mit diesem Betrag belasten
saldieren	— Saldo

SIEBTER ABSCHNITT

Die Geschichte einer Firma

Die Firma Karl Wirth und Söhne wurde im Jahr 1908 gegründet. Im gleichen Jahr wurde ihr jetziger Inhaber, Karl Wirth jun., als fünfter Sohn des Firmengründers geboren. Sein Lebensweg ist eng mit der Geschichte seiner Firma verbunden.

Karl Wirth sen. hatte im Jahr 1888 ein Einzelhandelsgeschäft übernommen. Durch Tüchtigkeit und Fleiß konnten er und seine Frau dieses Geschäft vergrößern und außerdem noch ansehnliche Ersparnisse machen. Die beiden ältesten Söhne hatten ebenfalls den Kaufmannsberuf ergriffen und gute Stellungen in einer großen Lebensmittelfirma gefunden, der eine als Abteilungsleiter im Einkauf, der andere als Prokurist. Sie verdienten dort sehr gut und konnten viele Erfahrungen sammeln, doch wollten sie sich gern selbständig machen und ein eigenes Geschäft gründen. Das Geschäft des Vaters ging zwar sehr gut, doch für drei Familien war es zu klein. Deshalb verkaufte der Vater das Geschäft; aus dem Verkaufserlös und den Ersparnissen des Vaters und der beiden Söhne gründeten sie gemeinsam eine neue Firma. Das Kapital war am Anfang für eine Großhandelsfirma nicht sehr bedeutend, doch durch Fleiß und Geschicklichkeit hatten sich die drei erfahrenen Geschäftsleute bis zum Kriegsausbruch 1914 gut in die Höhe gearbeitet. Der Krieg brachte nicht nur geschäftliche Rückschläge; er forderte auch schwere persönliche Opfer: die beiden jungen Teilhaber fielen an der Front.

Bei Kriegsende stand der alte Herr Wirth im Geschäft allein. Von den anderen Söhnen hatte nur der jüngste, der damals gerade elf Jahre alt war, Interesse für die Tätigkeit seines Vaters. Deshalb wurde er nach der Beendigung der Volksschule Kaufmannslehrling in einer befreundeten Firma. Während seiner Lehrzeit mußte er auch eine kaufmännische Berufsschule besuchen. Nach drei Jahren legte er mit sehr gutem Erfolg die Kaufmannsgehilfenprüfung bei der Industrie- und Handelskammer ab. Damals war Herr Wirth sen. oft krank, so daß ihn sein Sohn im Geschäft vertreten mußte. Als nach einem Jahr die Gesundheit des alten Herrn wieder hergestellt war, ließ er seinen Sohn zu Geschäftsfreunden in Hamburg gehen. Dort sollte er in die Praxis des Außenhandels eingewiesen werden. Nach weiteren drei Jahren wurde er mit Zustimmung des Vaters von dieser Firma nach Shanghai geschickt, wo er die Probleme des Außenhandels mit dem Fernen Osten an Ort und Stelle kennenlernen konnte.

Nach diesem Auslandsaufenthalt, der dem jungen Kaufmann viele Erfahrungen und viele nützliche Bekanntschaften vermittelt hatte, kehrte er nach Hause zurück und trat in das väterliche Geschäft ein. Er übernahm den größten Teil der Arbeit seines Vaters, der ihm nur noch beratend zur Seite stand und sich allmählich aus dem Geschäft zurückzog. Herr Wirth jun. wurde nach dem Tod seines Vaters Alleininhaber der Fa. Wirth und Söhne. Er änderte aber trotzdem die Firmenbezeichnung nicht, einerseits aus Achtung vor seinem Vater, dessen Lebenswerk diese Großhandelsfirma gewesen war, andererseits, weil er den gut bekannten Firmennamen zum Vorteil seines Geschäfts weiterführen wollte.

Er firmiert wie folgt: Lebensmittelgroßhandlung Karl Wirth und Söhne, Inhaber: Karl Wirth jun. Das bedeutet, daß er seine Geschäfte unter dieser Firma tätigt: Er bestellt und verkauft unter diesem Firmennamen, er hat unter diesem Namen ein Bankkonto. Die Firma ist, wie man sagt, der Geschäftsname des Kaufmanns.

Lebenslauf

Am 12. Mai 1908 wurde ich, Karl Wirth, als Sohn des Großkaufmanns Karl Wirth und seiner Frau Elisabeth, geb. Zenker, in München geboren. Nach Abschluß der Volksschule trat ich am 1. 9. 1919 als Kaufmannslehrling in die Großhandelsfirma C. Huber in München ein. Am Ende meiner Lehrzeit legte ich im September 1922 die Kaufmannsgehilfenprüfung bei der Industrie- und Handelskammer, München, mit sehr gutem Erfolg ab. Wegen einer Erkrankung meines Vaters setzte ich zunächst meine Ausbildung nicht fort, sondern arbeitete nach meiner Prüfung im väterlichen Geschäft.

Erst im Oktober 1923 konnte ich als Volontär bei der Firma R. Braune & Co. in Hamburg eintreten und dort Erfahrungen in der Praxis des Außenhandels erwerben. 1926 weilte ich im Auftrag dieser Firma vier Monate in Shanghai, wo ich die Probleme des Außenhandels mit dem Fernen Osten an Ort und Stelle kennenlernen konnte.

Am 1. Februar 1927 trat ich dann als Teilhaber meines Vaters in die Lebensmittelgroßhandlung Karl Wirth und Söhne ein, die ich 1930 nach dem Tod meines Vaters als Alleininhaber übernahm.

Ich bin seit Oktober 1928 verheiratet und habe einen Sohn, der 1958 die Diplomprüfung für Kaufleute an der Münchener Universität abgelegt hat und seit 1964 Teilhaber meiner Firma ist.

Zeugnis: Prüfungszeugnis der Industrie- und Handelskammer

Beantworten Sie folgende Fragen in ganzen Sätzen:

1. Seit wann besteht die Firma Wirth?
2. Woher wissen wir dies?
3. Wer hat sie gegründet?
4. War Herr Wirth sen. immer Großhändler?
5. Weshalb wurde er Großhändler?
6. Weshalb war Herr Wirth sen. bei Kriegsende wieder allein in seinem Geschäft?
7. Warum wurde Herr Wirth jun. Kaufmann?
8. Was muß man zuerst sein, bevor man als Kaufmann arbeitet?
9. Was für eine Prüfung legen Kaufmannslehrlinge ab?
10. Wo konnte Herr Wirth jun. Erfahrungen im Außenhandel sammeln?

11. Wem gehört die Firma Wirth heute?
12. Wie nennt man den Kaufmann, dem sein Geschäft allein gehört?
13. Weshalb hat Herr Wirth den Firmennamen nicht geändert?
14. Wie firmiert Herr Wirth?
15. Was ist „die Firma"?

Schreiben Sie Ihren Lebenslauf!

Das Passiv und die Modalverben

Diese Firma *wird* gegründet.	Diese Firma *muß* gegründet *werden.*
Der Lieferer *wird* verständigt.	Der Lieferer *soll* verständigt *werden.*
Der Firmennamen *wird* nicht weitergeführt.	Der Firmennamen *darf* nicht weitergeführt *werden.*
Das Konto *wird* belastet.	Das Konto *muß* belastet *werden.*
Die Waren *werden* abgeladen.	Die Waren *konnten* abgeladen *werden.*
Der Betrag *ist* gestern überwiesen *worden.*	Der Betrag *hat* gestern überwiesen werden *müssen.*

In einem Passivsatz können auch Modalverben stehen. Sie bilden die Personal- und Zeitformen. *Die Handlung steht im Infinitiv Passiv* (gegründet werden, verständigt werden, weitergeführt werden, belastet werden, abgeladen werden, überwiesen werden).

Das Konto	muß	belastet werden.	
– –	mußte	– –	
– –	hat	– –	müssen.
Die Sendung	soll	zugestellt werden.	
– –	sollte	– –	
– –	hat	– –	sollen.

Vergleichen Sie:

Aktiv: Der Angestellte *mußte* das Konto belasten.
(Was mußte der Angestellte?) *Der Angestellte* ist der Täter.

Passiv: Das Konto *mußte* (von dem Angestellten) belastet werden.
Der Angestellte ist der Täter. Mit dem Konto geschieht etwas.

Die Modalverben „*können, müssen, dürfen, sollen*" gehören zur Handlung und beziehen sich auf den Täter der Handlung.

Der Kunde wollte ins Büro geführt werden. (Was wollte der Kunde?)
Das Modalverb „wollen" bezieht sich auf das formale Subjekt des Passiv-
satzes.

Übung 1: *Setzen Sie die Modalverben richtig ein! Achten Sie auf die Zeit-*
formen!

1. Die Lagertür wird nicht aufgeschlossen. (dürfen) — 2. Der Betrag ist
nicht überwiesen worden. (können) — 3. Diese Kaufmannsgehilfen
werden nicht angestellt. (sollen) — 4. Diese Rechnung wird ausgeglichen. (können) — 5. Diese beiden Posten werden saldiert. (müssen) — 6. Der Verwendungszweck wurde nicht angegeben. (können) —
7. Der Rechnungsbetrag für die Bierlieferung ist bar entrichtet worden. (müssen) — 8. Diese Schreibmaschine wird nicht benutzt. (sollen) —
9. Die Firmengründung wurde beschlossen. (können) — 10. Diese
Waren sind in das Wareneingangsbuch eingetragen worden. (müssen) — 11. Vor der Firma wird nicht abgeladen. (dürfen) — 12. Die
dringenden Sendungen werden im Firmenhof vor dem Firmenwagen
aufgestellt. (müssen) — 13. Der Rechnungsbetrag wird von der Städtischen Gewerbebank überwiesen. (sollen) — 14. Der Laden wird nach
Geschäftsschluß abgeschlossen. (müssen) — 15. Die Kasse wird immer
geschlossen. (müssen)

Übung 2: *Bilden Sie das Passiv! Achten Sie auf die Zeitformen! Nennen Sie*
den Täter nicht!

1. Er muß den Lieferschein ins Lager bringen. — 2. Die Sekretärin soll
die Rechnung sofort ausschreiben. — 3. Sie dürfen die Kisten nicht auf
die Milch stellen. — 4. Karl mußte die Prüfungsarbeit mit der Hand
schreiben. — 5. Der jüngste Sohn mußte das Geschäft seines Vaters
verkaufen. — 6. Er konnte bei dieser Firma nicht viel Geld verdienen. —
7. Sie konnten mit dem gemeinsamen Geld eine neue Firma gründen. —
8. Herr Bender soll Herrn Wirth vertreten. — 9. Er soll die Ladentür
schließen. — 10. Du darfst den Skonto jetzt nicht mehr abziehen. —
11. — Ihr könnt die Schreibmaschine nicht mehr benutzen. — 12. Die
Bank muß bei jeder Überweisung das Konto saldieren. — 13. Der neue
Geschäftsinhaber darf den alten Firmennamen weiterführen.

Fragesätze als Gliedsätze

Fragesatz	Gliedsatz
Wer bedient die Kunden?	Sagen Sie mir, *wer* die Kunden bedient!
Wen habt ihr getroffen?	Ich weiß, *wen* ihr getroffen habt.
Wem habt ihr die Rechnung gegeben?	Er fragt, *wem* ihr die Rechnung gegeben habt.
Wessen Geschäft ist ganz in der Nähe?	Können Sie mir sagen, *wessen* Geschäft ganz in der Nähe ist?
Wo liegt diese Stadt?	Ich weiß nicht, *wo* diese Stadt liegt.
Wohin fährt der Wagen zuerst?	Weiß man schon, *wohin* der Wagen zuerst fährt?
Wie saldiert man dieses Konto?	Können Sie mir sagen, *wie* man dieses Konto saldiert?
Wie viele Söhne hatte der Firmengründer?	Ich weiß nicht, *wie viele* Söhne der Firmengründer hatte.
Um wieviel Uhr werden die Lebensmittelläden in der Bundesrepublik geöffnet?	Sagen Sie mir bitte, *um wieviel* Uhr die Lebensmittelläden in der Bundesrepublik geöffnet werden!
Warum muß er den Außenhandel in einem Seehafen kennenlernen?	Sein Vater erklärt ihm, *warum* er den Außenhandel in einem Seehafen kennenlernen muß.
Wann wurde diese Firma gegründet?	Es ist nicht bekannt, *wann* diese Firma gegründet wurde..
Braucht man für diese Überweisung eine Unterschrift?	Sagen Sie mir, *ob* man für diese Überweisung eine Unterschrift braucht.
Will er Kaufmann werden?	Ich weiß nicht, *ob* er Kaufmann werden will.

Wenn man Gliedsätze aus *Fragesätzen* bildet, tritt die Personalform ans Ende des Satzes. Bei Gliedsätzen, die aus *Entscheidungsfragen* gebildet werden, steht die Konjunktion *ob*.

Übung 3: *Bilden Sie Gliedsätze aus den folgenden Fragesätzen!*
(„es" kann nur am Anfang des Satzes stehen)

1. Wann ist Geschäftsschluß? Können Sie es mir sagen? — 2. Wieviel kostet eine Schreibmaschine? Ich frage den Geschäftsinhaber. — 3. Wo ist das Büro? Ich habe den Arbeiter gefragt. — 4. Darf ich telefonieren? Ich habe die Sekretärin gefragt. — 5. Hat Herr Bender ein Geschäft?

Ich weiß es nicht. — 6. Wann beginnt der Prokurist mit seiner Arbeit? Ich habe es vergessen. — 7. Wem ist diese Ware verkauft worden? Der Abteilungsleiter will es wissen. — 8. Wo kann ich den Außenhandel kennenlernen? Können Sie es mir sagen? — 9. Wann kann man den Prokuristen sprechen? Ich möchte es gern wissen. — 10. Hat er die Kaufmannsgehilfenprüfung gemacht? Ich kann es nicht sagen. — 11. Hat dieser Lehrling während seiner Lehrzeit gut gearbeitet? Ich muß den Geschäftsinhaber fragen. — 12. Wo ist der Hafen? Ich möchte es wissen. — 13. Welchen Beruf will er ergreifen? Er weiß es nicht. — 14. In welcher Stadt sind die meisten Außenhandelsfirmen? Können Sie es mir sagen?

viel (mehr) – wenig (weniger)

Er ißt *viel* Obst. Sie müssen *mehr* Gemüse essen.
Ich habe *nicht viel* Zeit. Er hat mit *viel* Fleiß gearbeitet.
Im Sommer hatte ich *weniger* Arbeit als im Winter.

„viel, wenig, mehr, weniger" *werden nicht dekliniert*, wenn sie allein Attribute vor Nomen im Singular sind.

Die Firma hat *viele* Autos. – Haben Sie mehr Angestellte als ich? – Nein, ich habe weniger Angestellte. – Der Abteilungsleiter hat nur *mit wenigen* Kunden gesprochen.

Vor Nomen im Plural dekliniert man „viel" und „wenig" wie Adjektive vor Nomen ohne Artikel – „mehr" und „weniger" dekliniert man nicht.

Was macht der Briefträger mit den vielen Briefen? – Mit diesem wenigen Geld kannst du keine Firma gründen.

„viel" und „wenig" dekliniert man nach Artikel, Possessiv- und Demonstrativpronomen.

Übung 4: *Setzen Sie die Wörter richtig ein!*

1. In dieser Großhandlung arbeiten ... Angestellte. (viel) — 2. Mit Fleiß und Geschicklichkeit kann man Geld verdienen. (mehr) — 3. Die Firma Engelmann hat ... Kunden als die Firma Berger. (mehr) — 4. Was wollen Sie mit dem Geld machen? (viel) — 5. Er hat Bekanntschaften gemacht. (viel) — 6. Der Vater hat mit Geschäftsfreunden gesprochen. (viel) — 7. Arbeiten Sie, wenn Sie Geld verdienen wollen. (viel, mehr) — 8. Wann willst du deine Arbeit erledigen? (viel) — 9. Er hat ... Erfahrungen als ich. (wenig) — 10. In dieser Abteilung warten Kunden. (viel)

Der attributive Genitiv

Karls Vater ist ein bekannter Kaufmann. – *Renates* Mutter kauft oft und viel ein. – *Herrn Wirths* Firma besteht seit 50 Jahren. – Das ist *Herrn Benders* Arbeit. – Das ist *Vaters* Geld.

Namen bilden den Genitiv mit der Endung -s und stehen vor dem übergeordneten Nomen, das dann seinen Artikel verliert. Die Familienbezeichnungen *Vater, Mutter, Onkel* und *Tante* kann man nur dann mit diesem Genitiv bilden, wenn man von der eigenen Familie spricht. Im anderen Fall muß man sagen: Das ist *das Haus seines Vaters.* Hier ist die Tasche *seiner Mutter.* In der Umgangssprache hört man bei Namen meist statt des Genitivs die Konstruktion mit der Präposition *von:*

> Die Mutter *von* Renate kauft oft ein. – Die Firma von Herrn Wirth besteht seit 50 Jahren.

Die Präposition *von* statt des Genitivs gebraucht man besonders im Genitiv Plural bei einem Nomen ohne Artikel und ohne attributives Adjektiv:

> die Erfahrung eines Kaufmanns – die Erfahrung *von* Kaufleuten
>
> **aber:**
>
> die Erfahrung eines deutschen Kaufmanns – die Erfahrung *deutscher* Kaufleute

Übung 5: *Bilden Sie den Plural der unterstrichenen Wörter!*

1. Der Lebensweg *eines Kaufmanns* ist oft schwierig. – 2. Man muß die kaufmännischen Gebräuche *eines Landes* gut kennen. – 3. Die Arbeit *eines kleinen Lehrlings* ist auch wichtig für die Firma. – 4. Der Prokurist hat während der Geschäftszeit mit *einem neuen Kunden* gesprochen. – 5. Für eine Großhandelsfirma benötigt man *viel Kapital.* – 6. In einer Außenhandelsfirma am Seehafen kann *ein junger Lehrling* sehr viel lernen.

eine Firma gründen	— die Firma besteht seit 1908
Abteilungsleiter	— Prokurist
Geschäftsfreund	— befreundete Firma
Lehrling — Lehrzeit	— Industrie- und Handelskammer
Kaufmannsgehilfenprüfung	
Außenhandel	— Auslandsaufenthalt
Alleininhaber — firmieren	— Geschäfte tätigen
Firma	— Geschäftsname des Kaufmanns

ACHTER ABSCHNITT

Viele Einzelhändler kaufen in der Großhandlung Wirth ein. Deshalb muß der Firmeninhaber rechtzeitig dafür Sorge tragen, daß er die Wünsche seiner Kunden jederzeit befriedigen kann. Das heißt, er muß immer genügend Waren auf Lager haben, damit er den Abnehmern die bei ihm bestellten Waren sofort liefern kann.

Herr Wirth bezieht seine Waren von seinen Lieferern. Als Lebensmittelgroßhandlung führt er viele Arten von Waren, mit denen er sich seit Jahren bei denselben Lieferanten eindeckt. Während der langen Jahre seiner Geschäftstätigkeit wurden diese Lieferer sorgfältig ausgesucht. Nur Lieferanten, deren Lieferungen einwandfrei sind, konnten damit rechnen, daß sie weitere Aufträge von der Fa. Wirth erhielten. Dafür ist Herr Wirth bei seinen Lieferern als pünktlicher Zahler bekannt, der vor Ablauf der zehn Tage unter Ausnutzung des Skontos seine Rechnungen begleicht.

Wenn Herr Wirth seinen Zahlungsverpflichtungen nachkommen will, muß er den Ausgleich seiner Forderungen rechtzeitig bekommen. Er muß seine ausgegangenen Rechnungen ständig kontrollieren, damit das Ziel von dreißig Tagen, das er seinen Kunden gewährt, nicht überschritten wird. Wenn ein Kunde ein säumiger Zahler ist, so erhält er nach Ablauf der Zahlungsfrist eine Mahnung zur Zahlung.

Die Lieferer der Fa. Wirth sind verschiedene Fabriken, die Lebensmittelkonserven herstellen, und Großhändler, die Waren einführen, die Herr Wirth nicht unmittelbar im Ausland kaufen will. Außerdem kauft Herr Wirth Lebensmittel auch auf dem Land ein.

Bevor die Fa. Wirth sich mit neuen Waren eindeckt, fragt sie bei ihren bisherigen Lieferanten an. Vor allem will sie wissen, ob sich die Preise, die Liefer- und Zahlungsbedingungen geändert haben. Vielleicht sind im Angebot des Lieferanten auch neue Artikel, die der Kunde noch nicht kennt. Deshalb bittet Herr Wirth um den Besuch eines Firmenreisenden oder eines Vertreters, mit dem er sich über alle Fragen, die ihn interessieren, unterhalten kann.

Eine Anfrage

WIRTH UND SÖHNE

Großhandel mit Lebensmitteln

8 München

Oberländerstraße 14

Herrn Manfred Ellwanger

Konservenfabrik

Schorndorf

Schillerstr. 16

München, den 5. 9. 68

Betreff: Anfrage

Sehr geehrte Herren!

Als langjähriger Kunde interessieren wir uns für Ihr neues Sortiment in Lebensmittelkonserven, mit denen wir uns für die Wintersaison eindecken möchten.

Wir haben Interesse für:

junge Erbsen in Büchsen $^1/_1$ und $^1/_2$

kleine Karotten in Büchsen $^1/_1$ und $^1/_4$

Gurken, sauer, in Gläsern $^1/_2$

Blaukraut in Büchsen $^1/_1$

weiße Bohnen in Büchsen $^1/_1$ und $^1/_2$

Wenn sich Ihre Preise, die Zahlungs- und Lieferbedingungen nicht geändert haben, werden wir voraussichtlich eine Bestellung von 5000 Einheiten je Artikel aufgeben.

Sollte Ihr diesjähriges Warenangebot auch Artikel enthalten, die wir noch nicht kennen, so bitten wir davon um einige Muster.

Sehr angenehm wäre uns der Besuch von einem Ihrer Vertreter, mit dem wir, wie jedes Jahr, alle Fragen klären könnten.

Wir erwarten Ihr günstiges Angebot,

Hochachtungsvoll

Eine Mahnung

WIRTH UND SÖHNE
Großhandel mit Lebensmitteln

8 München
Oberländerstraße 14

Herrn Fritz Kummer
Lebensmitteleinzelhandel

8 München
Franz-Joseph-Str. 4

München, den 3. 9. 68

Betreff: Zahlungsausgleich

Sehr geehrter Herr Kummer!

Es ist sicher Ihrer Aufmerksamkeit entgangen, daß unsere Rechnung vom 25. Juli d. J. am 25. August d. J. fällig war.
Da auch wir unseren Verpflichtungen nachkommen müssen, wären wir Ihnen sehr dankbar, wenn Sie den Rechnungsbetrag umgehend überweisen würden.

Hochachtungsvoll

Ein Angebot

MANFRED ELLWANGER
Konservenfabrik

Schorndorf, Schillerstraße 16

An
Firma Wirth und Söhne
Großhandel mit Lebensmitteln

8 München
Oberländerstraße 14

Betreff: Angebot

Bezug: Ihre Anfrage vom 5. 9. 68

Sehr geehrte Herren!

Ich danke Ihnen für Ihre Anfrage und biete Ihnen aus meiner diesjährigen Herstellung die folgenden Konserven an:

junge Erbsen in Büchsen $1/1$	zu DM	1,10
junge Erbsen in Büchsen $1/2$	zu DM	0,60
kleine Karotten in Büchsen $1/2$	zu DM	0,55
kleine Karotten in Büchsen $1/4$	zu DM	0,35
Gurken, sauer, in Gläsern $1/2$	zu DM	0,45
Blaukraut in Gläsern $1/1$	zu DM	1,15
weiße Bohnen in Büchsen $1/1$	zu DM	0,60
weiße Bohnen in Büchsen $1/2$	zu DM	0,40

Als neuen Artikel biete ich Ihnen an:

Blumenkohl, sauer, in Gläsern $1/1$ zu DM 1,30

Wie Sie aus meinem Angebot feststellen können, haben sich meine Preise nicht geändert. Die Zahlungs- und Lieferbedingungen sind auch die gleichen geblieben, d. h. Lieferung frei Werk, einschließlich Verpackung; Zahlungsziel von 60 Tagen.

Ich werde wunschgemäß meinen Vertreter, Herrn Ludwig, im Laufe der nächsten Woche mit den neuen Warenmustern zu Ihnen schicken, bei dessen Besuch Sie alle Sie interessierenden Fragen besprechen können.

Ich hoffe, daß mein Angebot Ihnen auch dieses Jahr entsprechen wird, und ich würde mich über eine baldige Bestellung sehr freuen.

Hochachtungsvoll

Beantworten Sie folgende Fragen in ganzen Sätzen:

1. Wofür muß der Großhändler Sorge tragen, wenn er die Wünsche seiner Abnehmer befriedigen will?
2. Worauf muß der Kaufmann achten, wenn er seinen Zahlungsverpflichtungen pünktlich nachkommen will?
3. Was macht der Großhändler, wenn einer seiner Abnehmer ein säumiger Zahler ist?
4. Wo deckt sich der Großhändler für seinen Bedarf ein?
5. Was macht der Kaufmann, bevor er sich mit neuen Waren eindeckt?

Die Konjunktionen „als" und „wenn"

Wann haben Sie die Rechnung bezahlt?.

Als ich in der Bank war, habe ich die Rechnung bezahlt.

Wann haben Sie Herrn Kummer zum letztenmal gesehen?

Ich habe ihn das letztemal gesehen, *als* er bei der Fa. Wirth war.

Wann ziehst du warme Kleider an?

Ich ziehe warme Kleider an, *wenn* es draußen kalt wird.

Wann bist du in Urlaub gefahren?

Immer *wenn* ich nicht viel zu tun hatte, bin ich in Urlaub gefahren.

Temporale Gliedsätze werden gebraucht, wenn mit der Handlung des Satzes eine andere Handlung zusammentrifft (Frage: *wann?*).

Man gebraucht die Konjunktion **„als"**, wenn der Gliedsatz eine Handlung beschreibt, **die einmalig in der Vergangenheit geschehen ist**. Das Verb steht im Präteritum.

In allen übrigen Fällen steht die Konjunktion **„wenn"**.

Das Ereignis ist	Vergangenheit	Gegenwart	Zukunft
einmalig	**als**	wenn	wenn
mehrmalig	wenn	wenn	wenn

Unterscheiden Sie: „wenn" und „wann?"

Wann kommen Sie? *Wenn* ich Zeit habe.

Wann kam er? *Als* er mit der Arbeit fertig war.

„wann" ist **immer Fragepronomen**. Die Antwort beginnt mit **„wenn"** oder **„als"**.

Übung 1: *Antworten Sie auf die Fragen und bilden Sie temporale Gliedsätze!*

1. Wann kann der Angestellte in Urlaub fahren? (Es ist Sommer, und der Betrieb schließt für drei Wochen.) — 2. Wann lernte Herr Wirth den Fernen Osten kennen? (Er fuhr nach Shanghai.) — 3. Wann mußte die Firma Wirth einen ihrer Kunden mahnen? (Er hatte die Zahlungsfrist um zehn Tage überschritten.) — 4. Wann wird der Großhändler neue Waren für sein Lager bestellen? (Die Wintersaison beginnt, und er muß sich dafür eindecken.) — 5. Wann wurde die Fa. Wirth gegründet? (Herr Wirth wurde im selben Jahr geboren. Sein Vater gründete mit den beiden ältesten Söhnen die Firma.) — 6. Wann wurde der jüngste Sohn des Kaufmanns Lehrling? (Er beendete die Volksschule.) — 7. Wann zog sich der alte Kaufmann aus seinem Geschäft zurück? (Sein Sohn hatte genügend Erfahrung, um das Geschäft allein zu führen.) — 8. Wann geht der Geschäftsinhaber nach Hause? (Die

Arbeiten in der Firma sind erledigt.) — 9. Wann bezahlt der Großhändler seine Rechnungen? (Die Zahlungsfrist geht zu Ende.)

Das Relativpronomen „dessen" und „deren"

Kennen Sie den *Angestellten, der* mich bedient hat?

Subjekt: *Der Angestellte* hat mich bedient.

Heute begrüßte mich der *Angestellte, den* ich gestern bei der Fa. Wirth getroffen hatte.

Objekt: Ich habe heute *den Angestellten* von der Fa. Wirth getroffen.

Das ist der *Angestellte, dem* ich meine Wünsche gesagt habe.

Objekt: Ich habe *dem Angestellten* meine Wünsche gesagt.

Relativsätze sind Attributsätze, d. h. sie stehen als Attribute bei Nomen. Die Form des Relativpronomens zeigt, welche Funktion (Subjekt, Objekt, Objekt) das übergeordnete Nomen im Relativsatz hat.

Wenn das Nomen, das durch ein Relativpronomen ersetzt wird, **nicht Satzglied, sondern Genitivattribut** ist, erhält das Relativpronomen die Genitivform. Es steht vor dem Nomen, zu dem das Genitivattribut gehört. **Das Nomen verliert seinen Artikel.**

Singular:	maskulin „dessen", neutral „dessen", feminin *„deren"*
Plural:	maskulin „deren", neutral „deren", feminin *„deren"*

Dort kommt *der Kaufmann, dessen Sohn* in Hamburg Außenhandel studiert.

Attribut: *Der Sohn d e s Kaufmanns* studiert in Hamburg Außenhandel.

Im Büro sitzt *das Kind, dessen Vater* sehr arm ist.

Attribut: *Der Vater d e s Kindes* ist sehr arm.

Siehst du *die Frau, d e r e n Kinder* bei der Fa. Engelmann eingekauft haben?

Attribut: *Die Kinder d e r Frau* haben bei der Firma Engelmann eingekauft.

Die Arbeiter, d e s s e n Lohn noch nicht ausbezahlt ist, müssen warten.

Attribut: *Der Lohn d e r Arbeiter* ist noch nicht ausbezahlt.

Hier ist *der Herr, mit d e s s e n Tochter* ich in der Fabrik gearbeitet habe.

Attribut: Ich habe *mit d e r Tochter des Herrn* in der Fabrik gearbeitet.

Wohnt hier *die Frau, mit d e r e n Tochter* ich in der Schule war?

Attribut: Ich war *mit der Tochter d e r Frau* in der Schule.

Kennst du die *Konserven, über d e r e n Verkauf* der Vertreter mit Herrn Wirth gesprochen hat?

Attribut: Herr Wirth und der Vertreter haben *über den Verkauf d e r Konserven* gesprochen.

Übung 2: *Bilden Sie Relativsätze!*

1. Bei seinem Besuch hat der Reisende von einem Geschäftsfreund gesprochen. (Ich habe den Namen des Geschäftsfreunds vergessen.) — 2. Der Bruder des Herrn Wirth besucht ihn morgen. (Die Frau des Bruders ist im vorigen Jahr gestorben.) — 3. Der junge Kaufmann hatte in Shanghai einen chinesischen Freund. (Der Vater des Freundes war Inhaber einer großen Außenhandelsfirma.) — 4. Wir haben über die allgemeinen Lieferbedingungen gesprochen. (Die Lieferbedingungen sind bekannt.) — 5. Die Besprechung der drei Fabrikinhaber findet in Essen statt. (Die Fabrikinhaber haben sich über das Programm dieser Besprechung geeinigt.) — 6. Mein Neffe hat in Bremen Außenhandel gelernt. (Der Vater meines Neffen war der Firmengründer.) — 7. Dieser Kaufmann ist der Inhaber des größten Geschäftes in unserer Stadt. (Das Bild des Kaufmanns stand zu seinem 70. Geburtstag in der Zeitung.) — 8. Diese köstlichen Obstkonserven werden in einer ganz kleinen Fabrik erzeugt. (Der Vertreter hat über die hohe Qualität dieser Konserven gesprochen.) — 9. Diesem Kunden müssen wir eine Mahnung schicken. (Der Kunde hat seine Rechnung noch nicht beglichen.) — 10. Die Fabrik hat im August Betriebsferien. (Wir führen die Erzeugnisse dieser Fabrik in unserem Laden.)

Ich kenne den *Kaufmann, dessen Sohn* in Bremen Außenhandel lernt.	Attribut: *Sein Sohn* lernt in Bremen Außenhandel.
Wohnt hier die *Frau, mit deren Tochter* Renate in der Berufsschule war?	Attribut: Renate war *mit ihrer* Tochter in der Berufsschule.

In dem Satz, der zu einem Relativsatz werden soll, kann das Genitivattribut auch durch ein **Possessivpronomen** ausgedrückt sein.

Übung 3: *Bilden Sie Relativsätze!*

1. Herr Wirth ist der alleinige Inhaber einer Großhandelsfirma. (Seine pünktliche Zahlungsweise ist bei allen Lieferern bekannt.) — 2. In Wiesbaden habe ich zwei Geschäftsfreunde getroffen. (Ihre Söhne studieren in München Betriebswirtschaft.) — 3. Der alte Herr hat mir gute Ratschläge für meine Berufsausbildung gegeben. (Ich habe seinen Sohn während meines Skiurlaubes in Oberstdorf kennengelernt.) — 4. Das ist der neue Prokurist unserer Firma. (Sein Vater war auch lange

Jahre Prokurist.) — 5. Diese Fabrik liegt in einem kleinen Städtchen. (Ihre ganze Belegschaft sind Hilfsarbeiter.)

wegen: weil – deshalb

Er muß *wegen der vielen Arbeit* auch nach Geschäftsschluß im Geschäft bleiben.
Die Lieferung kann *wegen der vielen Feiertage* nicht rechtzeitig zugestellt werden.
Wegen seiner Berufsausbildung konnte er schon in jungen Jahren die Firma übernehmen.

Ein Satzglied, das die Präposition *wegen* einleitet, gibt den **Grund des Geschehens** an. Man nennt dieses Satzglied *Kausalangabe*. (Frage: warum? weshalb?)

Er muß viel arbeiten, *weil* er auch seine Eltern erhalten muß.
Die Lieferung konnte nicht zugestellt werden, *weil* einige unserer Arbeiter krank waren.
Er konnte schon als junger Mann die Firma übernehmen, *weil* er eine sehr gute Berufsausbildung hatte.

Wenn die Kausalangabe ein eigenes Prädikat erhält, entsteht ein Gliedsatz.

Er muß seine Eltern erhalten; *deshalb* (= *deswegen* = *darum*) muß er viel arbeiten.
Einige unserer Arbeiter waren krank; *deswegen* (= *deshalb* = *darum*) konnte die Lieferung nicht zugestellt werden.
Er hatte eine sehr gute Berufsausbildung; *darum* (= *deswegen* = *deshalb*) konnte er schon als junger Mann die Firma übernehmen.

Das Adverb *deshalb* (= *deswegen* = *darum*) vertritt als Kausalangabe den vorhergehenden Satz.

Übung 4: *Bilden Sie Gliedsätze mit „weil"!*

1. Wir wollen das Skonto ausnützen; deshalb bezahlen wir die Rechnung innerhalb von zehn Tagen. — 2. Der Großhändler muß sich mit neuen Waren eindecken; deswegen schreibt er an seine Lieferanten eine Anfrage. — 3. Der säumige Zahler hat die Rechnung noch nicht beglichen; darum wird er von seinem Lieferer gemahnt. — 4. Jeder Kaufmann hat Verpflichtungen; deshalb muß er auf pünktlichen Eingang seiner Rechnungen achten. — 5. Vor Weihnachten kaufen die meisten Leute viel ein; deswegen haben sie nach den Feiertagen kein Geld mehr. — 6. Die Fabrik will ihre Erzeugnisse ihren Abnehmern anbieten; darum schickt sie ihre Reisenden und Vertreter zu den Kunden. — 7. Der Großhändler setzt seinen Kunden eine Zahlungsfrist von dreißig Tagen; deshalb muß er mahnen, wenn dieses Ziel überschritten wird.

Übung 5: *Bilden Sie Sätze mit „deshalb", „darum" oder „deswegen"!*

1. Er konnte nicht rechtzeitig seine Rechnungen begleichen, weil seine Abnehmer säumige Zahler sind. — 2. Er mußte Kaufmann werden, weil er der einzige Sohn war. — 3. Er achtet immer auf seinen Lagerbestand, weil er seine Kunden sofort bedienen möchte. — 4. Sie kaufen die Konserven meistens bei derselben Firma, weil sie mit der Qualität besonders zufrieden sind. — 5. Dieser Großhändler kauft sehr viel im Ausland ein, weil er viele Geschäftsbeziehungen hat.

*

Unbestimmte Pronomen

Für dieses Gerät braucht *man* viel Strom. – Es nützt nicht viel, wenn *man* zu viel arbeitet. – Im Lager darf *man* nicht rauchen.

man bezeichnet **eine unbestimmte Person oder Personengruppe.**
Es ist nur Subjekt und hat keine Deklinationsformen und keinen Plural.

Siehst du einen Arbeiter? Ja, dort kommt *einer*. Wo? Ich sehe *keinen*. Vor einer Stunde habe ich *welche* gesehen. (Ich habe auch vorher *keine* gesehen.)

einer (negativ: *keiner*) bezeichnet **eine unbekannte männliche, eine** eine weibliche Person (negativ: *keine*); die Pluralform ist **welche** (negativ: *keine*).

Die Deklination ist unvollständig:

	Singular				Plural	
	maskulin		feminin			
Nom.	einer	(keiner)	eine	(keine)	welche	(keine)
Akk.	einen	(keinen)	eine	(keine)	welche	(keine)
Dat.	einem	(keinem)	einer	(keiner)	welchen	(keinen)
Gen.	–	–	–	–	–	–

Dort kommt *jemand!* Kennst du den (die)? – Alle wußten es, aber *niemand* sprach davon. – Hast du gestern *jemanden* getroffen? Nein, ich habe gestern *niemanden* getroffen, und ich habe auch mit *niemandem* gesprochen.

jemand (negativ: *niemand*) bezeichnet **eine bestimmte, aber unbekannte Person oder Personengruppe.**

Deklination:

Nom.	Akk.	Dat.	Gen.	
jemand	jemand(en)	jemand(em)	jemands	(sehr
niemand	niemand(en)	niemand(em)	niemands	selten)

Ich habe *einen jeden* (= jedermann) nach dem Geschäft gefragt. – Diese alte Frau lebt allein; sie spricht nur mit *wenigen*. – Wir haben nicht *alle* getroffen, die wir treffen wollten.

jedermann (= *jeder*) bezeichnet **die einzelnen Personen** einer bestimmten Gruppe, in der **keiner eine Ausnahme** bildet.
jedermann hat keine Deklination (Ausnahme: attributiver Genitiv = jedermanns).

Deklination von *jeder:*

	maskulin	feminin	maskulin		feminin	
Nom.	jeder	jede	ein	jeder	eine	jede
Akk.	jeden	jede	einen	jeden	eine	jede
Dat.	jedem	jeder	einem	jeden	einer	jeden
Gen.	–	–	eines	jeden	einer	jeden

alle, viele, wenige, einige bezeichnen **Personen im Plural.**
Ihre Deklination:

Nom.	alle	viele	wenige	einige
Akk.	alle	viele	wenige	einige
Dat.	allen	vielen	wenigen	einigen
Gen.	aller	vieler	weniger	einiger

Übung 6: *Ergänzen Sie die Endungen!*

1. Gestern hat man wieder jemand... in den falschen Laden geschickt. – 2. Wenn ein... viel... Länder gesehen hat, kann er besser im Ausland einkaufen. – 3. Dieser reiche Kaufmann hilft niemand... – 4. Der Firmeninhaber spricht mit all... – 5. Eine gute Geschäftsführung ist nicht jedermann... Sache. – 6. Nur wenig... kennen diese Firma. – 7. Kein... konnte mir die verlangte Ware zeigen.

Übung 7: *Bilden Sie die Pluralformen!*

1. Dann kam jemand und fragte mich nach diesem Großhandelsgeschäft. – 2. Ich habe keinen im Laden gesehen. – 3. Kann mir einer die Telefonnummer der Firma Wirth sagen?

Er hat *nichts* gesagt. Fritz ist mit *nichts* zufrieden. Du sagtest mir *etwas*. Ihr wollt immer *alles* oder *nichts*. In schlechten Zeiten muß man *mit wenigem* zufrieden sein. Sie werden hier *vieles* nicht finden, sicher aber *einiges*.

etwas (negativ: nichts), **alles, weniges, vieles, einiges** bezieht sich **auf Sachen und Begriffe** und ist immer Singular.
etwas und **nichts** haben **keine Deklinationsform**, die übrigen Nom., Akk. und Dativ.

Abnehmer	— Auftrag
beziehen	— sich eindecken
pünktlicher Zahler	— säumiger Zahler
Verpflichtungen	— Forderungen
Zahlungsfrist	— Ziel
die Frist überschreiten	— Mahnung
Anfrage	— Angebot
Lieferbedingungen	— Zahlungsbedingungen
Reisender	— Vertreter

NEUNTER ABSCHNITT

Der Monatsschluß

Gegen Ende eines jeden Monats muß Herr Wirth den Zahlungseingang besonders genau kontrollieren. Wenn er zu viele Außenstände hat, kann er die am Monatsersten fälligen Zahlungen nicht leisten. Er läßt deshalb Herrn Schmidt, seinen Buchhalter, kommen und sieht mit ihm sämtliche fälligen Rechnungen durch. Diesmal haben nur wenige Kunden nicht pünktlich gezahlt, sie haben von Herrn Schmidt schon eine Mahnung erhalten; alle anderen ausgegangenen Rechnungen sind beglichen.

Herr Schmidt legt Herrn Wirth dann die Gehalts- und Lohnabrechnungen vor. Da auch die Arbeiter der Firma monatlich bezahlt werden, müssen Ende des Monats sowohl die Gehälter der Angestellten wie auch die Löhne der Arbeiter berechnet werden. Zu dem vertraglich vereinbarten Gehalt oder Lohn kommen bei manchen Mitarbeitern noch Zulagen, z. B. für Überstunden. Von der Endsumme wird die Lohnsteuer nach der Tabelle abgezogen, bei Ledigen ist der Betrag größer als bei Verheirateten, besonders bei solchen mit vielen Kindern. Von den Beiträgen zu der Sozialversicherung muß der Arbeitnehmer nur die Hälfte bezahlen, die andere Hälfte trägt der Arbeitgeber, der aber die ganze Summe abführen muß. Hier handelt es sich also um die Angestellten- bzw. Rentenversicherung und um die Arbeitslosenversicherung, aber auch um die Krankenversicherung, die für alle Arbeitnehmer Pflicht ist.

Dann stellt Herr Wirth mit Herrn Schmidt die Zahlungen zusammen, die am Monatsersten fällig werden; es handelt sich dabei um:

1. die Miete und die Heizungskosten für das Büro und das Lager,
2. die Nettogehälter bzw. Löhne für die Arbeitnehmer,
3. die an das Finanzamt abzuführende Lohnsteuer,
4. die Beiträge zur Sozialversicherung, und zwar sowohl den Arbeitnehmer- wie den Arbeitgeberanteil,
5. die betriebliche Unfallversicherung, die allein zu Lasten des Arbeitgebers geht,
6. die Versicherungsprämie für den Lagerbestand,
7. die nach dem Umsatz des letzten Monats errechnete Mehrwertsteuer.

Außerdem sind in diesem Monat die vierteljährlich zu zahlende Kfz-Steuer und die Haftpflichtversicherung für die Lkws und Pkws, die im Betrieb eingesetzt sind, fällig. Die Gewerbesteuer vom erzielten Gewinn muß glücklicherweise erst zum Jahresanfang bezahlt werden. Von den fälligen Zahlungen werden einige mit Verrechnungsschecks und die anderen durch Überweisung erledigt.

Beantworten Sie folgende Fragen in ganzen Sätzen:

1. Wie wird die Kontrolle der Außenstände im Betrieb durchgeführt?
2. Welche Zahlungen muß der Kaufmann für seinen Betrieb leisten?
3. Welche Zahlungen sind jeden Monat für die Arbeitnehmer fällig?
4. Welche Beiträge zur Sozialversicherung müssen abgeführt werden?
5. Welche Steuern muß der Kaufmann entrichten?
6. Wofür bezahlt der Kaufmann Versicherungsprämien?
7. Wie wird ein Scheck ausgefüllt?

Deutsches Scheckformular

SCHECK-NR.	KONTO-NR.	BANK-NR.
89/1443407	10604	6 21

Städtische Gewerbebank

München 1   Promenadeplatz 17

Zahlen Sie gegen diesen Scheck aus meinem - unserem Guthaben   DM

Deutsche Mark in Buchstaben

Pf wie nebenstehend

an _____ *oder Überbringer*

wegen _____

Mitteilungen an den Empfänger

_____ *, den* _____ *19*__

Ausstellungsort

A		Ko

Schecks, in welchen der Zusatz »oder Überbringer« gestrichen ist, werden nicht bezahlt. Die Angabe einer Zahlungsfrist auf dem Scheck gilt als nicht geschrieben.   Aussteller

Der Infinitiv als Objekt

Einige Verben können **als Objekt im Satz einen Infinitiv mit der Präposition „zu"** annehmen:

1. **Das Satzsubjekt ist gleichzeitig auch Subjekt der Infinitivhandlung:**
   Ich wünsche, *heute mit dem Firmeninhaber zu sprechen.* (Was wünsche ich? *Ich* wünsche, daß *ich* heute mit dem Firmeninhaber sprechen kann.)
   Die Sekretärin hofft, *im nächsten Monat mit ihrer Arbeit beginnen zu können.* (Was hofft die Sekretärin?)
   Der Lagerverwalter beginnt *die Bestellung zusammenzustellen.* (Was tut der Lagerverwalter?)
   Er freut sich darüber, *sehr bald in Urlaub fahren zu können.* (Worüber freut er sich?)

2. **Ein Objekt des Satzes ist gleichzeitig Subjekt der Infinitivhandlung.** Das Subjekt der Infinitivhandlung kann aber nur eine Person sein.
   Ich habe *meinem Sohn* den Rat gegeben, *wegen seiner Berufsausbildung nach Hamburg zu fahren.* (Was habe ich meinem Sohn geraten? *Mein Sohn* soll wegen seiner Berufsausbildung nach Hamburg fahren.)
   Ich muß *den Buchhalter* darum bitten, *mir die Buchführung zu erklären.* (Worum müssen Sie den Buchhalter bitten?)
   Der Vertreter hat *dem Kunden* empfohlen, *besonders viel von diesen Konserven zu kaufen.* (Was hat der Vertreter dem Kunden empfohlen?)

Beachten Sie! **Die Handlung kann nur im Infinitiv stehen, wenn das Subjekt dieser Handlung vorher im Satz genannt wurde.** Wenn die Handlung ein eigenes Subjekt hat, gebraucht man den Objektsatz mit der Konjunktion „daß".

Ich wünsche, *daß der Vertreter mit dem Firmeninhaber spricht.* (Was wünsche ich?)

Wir freuen uns darüber, *daß unsere Kollegin bald wieder zur Arbeit kommt.* (Worüber freuen wir uns?)

Der Lehrling hofft, *daß der Firmeninhaber ihm diesen Geschäftsvorgang erklären wird.* (Was hofft der Lehrling?)

Die Stellung der Präposition „*zu*" vor dem Infinitiv.

Der Lagerangestellte hat vergessen, die Tür *zu* schließen und das Fenster *zu* öffnen.

„*zu*" steht vor dem Infinitiv und wird wiederholt, wenn mehrere Infinitivhandlungen beschrieben werden.

Wir hoffen, den ausländischen Geschäftsfreund kennen*zu*lernen.

„*zu*" tritt bei den trennbaren Verben zwischen die trennbaren Teile.

Ich glaube, die Gehilfenprüfung mit Erfolg machen *zu* können.

„*zu*" steht vor dem Modalverb, wenn die Infinitivhandlung ein Modalverb enthält.

Du *brauchst* diesen Warenartikel *nicht* im Lager *zu suchen.*

Sie *brauchen nur* die Sekretärin *zu fragen,* wenn Sie eine Auskunft haben wollen.

Du *hast* diesen Warenartikel *nicht* im Lager *zu suchen brauchen.* Sie *haben* die Sekretärin *nur zu fragen brauchen,* wenn Sie eine Auskunft haben wollten.

Beachten Sie! Nach „brauchen" steht (in negativen Sätzen oder mit „*nur*") immer der Infinitiv mit „zu"; das Perfekt wird aber wie bei den Modalverben mit dem Infinitiv (nicht mit dem Part. Perf.) gebildet, der immer am Ende des Satzes steht.

Der Ausdruck der Zeit bei Infinitivhandlungen

Der Infinitiv hat *nur zwei Zeitformen:*

Wenn die Infinitivhandlung *später* ist als die Handlung im Satz oder wenn sie *gleichzeitig* ist, gebraucht man *die einfache Infinitivform* mit „zu":

Ich bitte, diesen Kunden besonders höflich *zu bedienen.* (gleichzeitig!)

Ich wünsche, von dieser zuverlässigen Firma *beliefert zu werden.* (Passiv, gleichzeitig)

Er hofft, morgen wieder *arbeiten zu können.* (später)

Er hofft, nächste Woche *angestellt zu werden.* (später)

Wenn die Infinitivhandlung *früher* war als die Handlung im Satz, gebraucht man *den Infinitiv Perfekt* mit zu:

Ich glaube (glaubte, habe geglaubt), die Lieferung in das Wareneingangsbuch *eingetragen zu haben.* (früher)

Ich glaubte, gut *ausgebildet worden zu sein.* (Passiv, früher)

Beachten Sie! Wenn die Infinitivhandlung *keine eigenen Satzglieder hat,* trennt man den Infinitiv *nicht* durch ein Komma vom Satz:

Das Büro fängt immer morgens um 9 Uhr an *zu arbeiten.*

Das Büro fängt immer morgens um 9 Uhr *zu arbeiten* an.

Das Büro hat immer morgens um 9 Uhr angefangen *zu arbeiten*.
Das Büro hat immer morgens um 9 Uhr *zu arbeiten* angefangen.

Übung 1: *Setzen Sie die Sätze als Infinitivsätze ein!*

1. Der junge Mann hofft ... (Er kann im nächsten Jahr mit seiner Berufsausbildung beginnen.) — 2. Wir wünschen ... (Wir sprechen nach dem Essen mit dem Prokuristen.) — 3. Die Lagerangestellten begannen ... (Die Lagerangestellten stellten die Pakete für Weihnachten zusammen.) — 4. Mein Freund hat aufgehört ... (Er arbeitet als Fahrer in einer Großhandelsfirma.) — 5. Der Firmeninhaber hat den Angestellten verboten ... (Die Angestellten rauchen und trinken während der Geschäftszeit.) — 6. Der Buchhalter hat vergessen ... (Er schließt die Tür zu seinem Büro zu.) — 7. Er hat sich entschlossen ... (Er lernt den Außenhandel in Übersee.) — 8. Der Fahrer hat dem kranken Angestellten angeboten ... (Der Angestellte muß sofort in ein Krankenhaus gebracht werden.)

Übung 2: *Setzen Sie die Sätze ins Perfekt!*

1. Du brauchst dir diese Firma nicht zu merken. — 2. Der Lagerverwalter braucht vor der Überprüfung des Lagers keine Angst zu haben. — 3. Der Kaufmann braucht wegen seiner Forderungen keine Sorge zu haben. — 4. Sie brauchen diesen Artikel nicht ins Angebot zu schreiben. — 5. Sie brauchen diese Firma nicht zu mahnen.

Der Infinitiv als Subjekt

Der Infinitiv mit „*zu*" kann Subjekt in Sätzen sein, die unpersönliche Ausdrücke enthalten (es ist möglich, es ist schwer usw.).

Es ist verboten, *im Lager zu rauchen*. (Was ist verboten?)
Es ist gut, *auf die älteren Angestellten zu hören*. (Was ist gut?)
Es ist falsch, *die Kunden unhöflich zu bedienen*. (Was ist falsch?)
Es ist *mir* nicht möglich, an dieser Besprechung teilzunehmen. (Was ist mir nicht möglich?)
Es ist *mir* unangenehm, diesem Kunden eine Mahnung zu schicken. (Was ist mir unangenehm?)
Es ist *dem Lagerverwalter* verboten, Waren ohne Quittung herauszugeben. (Was ist ihm verboten?)

Übung 3: *Setzen Sie die Sätze als Infinitivsätze ein!*

1. Es ist interessant ... (Man liest die Stellenanzeigen in den Tageszeitungen.) — 2. Es ist sehr wichtig ... (Man kommt seinen Verpflich-

tungen immer pünktlich nach.) − 3. Es ist mir nicht möglich gewesen
... (Ich komme rechtzeitig zur Arbeit.) − 4. Ist es Ihnen möglich? ...
(Sie bringen mir aus Übersee einige Warenmuster mit.) − 5. Es tut mir
leid ... (Ich kann diese Ware heute nicht mehr liefern.) − 6. Heute
ist es möglich ... (Man sieht in einigen Stunden mehrere Länder.) −
7. Es ist sehr wichtig ... (Man kontrolliert genau seine Außenstände.)

Das Verb

Das Verb beschreibt ein Geschehen oder einen Zustand: *verkaufen, helfen,
lachen.* Es bildet verschiedene Formen, die im Satz bestimmte Funktionen
übernehmen. Diese Formen sind:

    1. die Personalform: ich verkaufe, ihr helft
    2. das Partizip Perfekt: verkauft, geholfen
    3. das Partizip Präsens: verkaufend, helfend
    4. der Infinitiv: verkaufen, helfen

Das Verb in Prädikatsfunktion:

Das Prädikat beschreibt im Satz ein Geschehen oder einen Zustand, an dem
Subjekt und Objekt beteiligt sind. Als *Prädikat* tritt das Verb vor allem mit
seiner Personalform auf, die sich nach dem Subjektnominativ richten muß.
Außerdem erscheint es auch noch mit dem Infinitiv und dem Partizip Perfekt:

    Schreibt die Sekretärin den Brief?
    Hat die Sekretärin den Brief *geschrieben?*
    Will die Sekretärin den Brief *schreiben?*

Als Prädikat zu einem *Subjektakkusativ* steht es im Infinitiv:

    Siehst du den Prokuristen kommen? (Der Prokurist kommt.)
    Hörst du die Verkäuferin im Laden *sprechen?* (Die Verkäuferin spricht.)

Das Verb in *Subjekts-* oder *Objektsfunktion:*

Als Subjekt oder Objekt steht das Verb im Infinitiv:

Subjekt: Das *Rauchen* schadet der Gesundheit.
         Es macht ihm noch Schwierigkeiten, so lange *zu arbeiten.*
Objekt: Man sieht ihn niemals *rauchen.*
         Wünschen Sie, in einer Konservenfabrik *zu arbeiten?*

Das Verb in der Funktion einer Modalangabe:

Ein Satzglied, das angibt, wie ein Geschehen oder ein Zustand ist, nennt man
Modalangabe. (Frage: wie?) In dieser Funktion steht das Verb als Partizip
Präsens oder als Partizip Perfekt.

Partizip Präsens: das Geschehen oder der Zustand ist noch nicht beendet.

    Der Angestellte verließ *schweigend* das Büro.

Partizip Perfekt: das Geschehen oder der Zustand ist schon eingetreten.

    Der Fahrer ist schwer *verletzt* von der Straße hereingebracht worden.

Das Verb als *Attribut:* steht im Partizip Präsens oder Partizip Perfekt vor dem
Nomen.

    Der Verwalter hat den *arbeitenden* Angestellten geholfen.
    Der Buchhalter hat dem Kaufmann die *gewünschte* Rechnung vorgelegt.

Der Satz (Übersicht)

Grundform des Satzes:

1. Prädikatsteil   2. Prädikatsteil

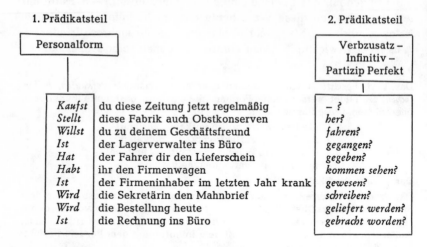

| Personalform | | Verbzusatz – Infinitiv – Partizip Perfekt |

Kaufst	du diese Zeitung jetzt regelmäßig	– ?
Stellt	diese Fabrik auch Obstkonserven	*her?*
Willst	du zu deinem Geschäftsfreund	*fahren?*
Ist	der Lagerverwalter ins Büro	*gegangen?*
Hat	der Fahrer dir den Lieferschein	*gegeben?*
Habt	ihr den Firmenwagen	*kommen sehen?*
Ist	der Firmeninhaber im letzten Jahr krank	*gewesen?*
Wird	die Sekretärin den Mahnbrief	*schreiben?*
Wird	die Bestellung heute	*geliefert werden?*
Ist	die Rechnung ins Büro	*gebracht worden?*

Diese Fragen sind alle Entscheidungsfragen. Die Satzform für die Entscheidungsfrage ist die Grundform des Satzes. Die Satzglieder haben hier ihre *Normalstellung* zwischen den Prädikatsteilen.

1. Prädikatsteil – alle Satzglieder – 2. Prädikatsteil

oder   P1 . . . . P2

Nebensatzform

Verbindungsteil   Prädikat

| Konjunktion Fragewort Relativpronomen |

...,	*weil*	er zu einer Besprechung nach Hamburg	*fahren*	/ *will*
...,	*wenn*	du diese Zeitung regelmäßig		*kaufst*
...,	*als*	die Verkäuferin dir das Paket	*gegeben*	/ *hat*
...,	*daß*	du morgen mit dem Prokuristen	*sprechen*	/ *willst*
...,	*wann*	der Buchhalter die Kontrolle der Außenstände		*macht*
...,	*ob*	diese Fabrik auch Obstkonserven	*her* /	*stellt*
...,	*den*	man ins Büro	*gebracht*	/ *hat*
...,	*mit dem*	wir in der Bank	*gesprochen*	/ *haben*

66

Vor den meisten Gliedsätzen und vor allen Attributsätzen steht statt der Personalform ein Verbindungsteil. Die Personalform tritt zu den übrigen Prädikatsteilen. Die Stellung der Satzglieder ändert sich dadurch *nicht!*

Verbindungsteil – alle Satzglieder – Prädikat

oder V . . . . P

Normalstellung der Satzglieder

Subjekt und Objekt sind Nomen:

hat	der Prokurist die Rechnungen	*gesehen?*	
hat	der Lagerverwalter den Arbeitern	*geholfen?*	
hat	der Prokurist dem Fahrer die Rechnungen	*gegeben?*	
hat	der Prokurist die Sekretärin um die Rechnung	*gebeten?*	
. . . ,	*daß* der Prokurist die Rechnungen	*gesehen*	*hat.*
. . . ,	*daß* der Lagerverwalter den Arbeitern	*geholfen*	*hat.*
. . . ,	*daß* der Prokurist dem Fahrer die Rechnungen	*gegeben*	*hat.*
. . . ,	*daß* der Prokurist die Sekretärin um die Rechnung	*gebeten*	*hat.*

Wenn Subjekt und Objekte Nomen sind, stehen sie in der Reihe **Subjekt (S) – Dativobjekt (Od) – Akkusativobjekt (Oa) – Präpositionalobjekt (Op):**

P1	S – Od – Oa – Op	P2
V	S – Od – Oa – Op	P

Subjekt und Objekte sind Pronomen (oder Pronominaladverbien)

hast	du ihn	*gefragt?*	
hast	du ihm	*geholfen?*	
hast	du es ihm	*gegeben?*	
hast	du ihm dafür	*gedankt?*	
. . . ,	*daß* du ihn	*gefragt*	/ *hast.*
. . . ,	*daß* du ihm	*geholfen*	/ *hast.*
. . . ,	*daß* du es ihm	*gegeben*	/ *hast.*
. . . ,	*daß* du ihn darum	*gebeten*	/ *hast.*
. . . ,	*daß* du ihm dafür	*gedankt*	/ *hast.*

Wenn Subjekt und Objekte Pronomen oder Pronominaladverbien sind, stehen sie in der Reihe

Subjekt (s) – Akkusativobjekt (oa) – Dativobjekt (od) – Präpositionalobjekt (op):

P1	s – oa – od – op	P2
V	s – oa – od – op	P

Subjekt und Objekte sind Nomen und Pronomen (oder Pronominaladverbien):

hast	du ihm das Paket	*gegeben?*
hat	es dir der Angestellte	*gegeben?*
hast	du es dem Fahrer	*gegeben?*
hast	du dem Fahrer das Paket	*gegeben?*
hat	es der Angestellte dem Fahrer	*gegeben?*
hat	ihm der Angestellte das Paket	*gegeben?*
hat	dich der Fahrer um das Paket	*gebeten?*
hat	der Fahrer den Angestellten darum	*gebeten?*

Wenn Subjekt und Objekt Nomen und Pronomen oder Pronominaladverbien sind, stehen *zuerst* die **Pronomen,** *dann* die **Nomen** und *zuletzt* die **Präpositional-Objekte:**

P1	s – oa – od – S – Od – Oa – op – Op	P2
V	s – oa – od – S – Od – Oa – op – Op	P

Der Aussagesatz:

	hat der Angestellte gestern während der Bürozeit den Prokuristen um einen Rat	*gebeten?*
Der Angestellte	*hat* ... gestern während der Bürozeit den Prokuristen um einen Rat	*gebeten.*
Gestern	*hat* der Angestellte ... während der Bürozeit den Prokuristen um einen Rat	*gebeten.*
Während der Bürozeit	*hat* der Angestellte gestern .... den Prokuristen um einen Rat	*gebeten.*
Den Prokuristen	*hat* der Angestellte gestern während der Bürozeit ... um einen Rat	*gebeten.*
Um einen Rat	*hat* der Angestellte gestern während der Bürozeit ... den Prokuristen	*gebeten.*

Der Aussagesatz enthält eine Mitteilung oder den Teil einer Mitteilung. Der Aussagesatz hat eine charakteristische Form. Diese Form wird dadurch gebildet, *daß man ein Satzglied vor die Personalform stellt.* Es kann dort *jedes* Satzglied stehen.

Die Ergänzungsfrage:

Wer	*hat*	dich gestern	*besucht?*
Wem	*haben*	Sie den Lieferschein	*gegeben?*
Mit wem	*hat*	der Firmeninhaber	*gesprochen?*
Wann	*hat*	der Kaufmann mit seiner Bürozeit	*begonnen?*
Um wieviel Uhr	*wird*	der Fahrer	*kommen?*
Wie viele Kunden	*haben*	gestern Obstkonserven	*gekauft?*
Wo	*findet*	diese Besprechung	*statt?*
Woher	*haben*	Sie diese Firmenanschrift	*gewußt?*
Wie	*hat*	Ihnen diese Zeitschrift	*gefallen?*
Warum	*sind*	Sie nicht in die Berufsschule	*gegangen?*

Mit der Ergänzungsfrage will man erreichen, daß jemand seine Mitteilung ergänzt. Die Frage selbst steht immer vor der Personalform.

Die Stellung der Prädikatsteile

Wenn am Ende des Satzes die Prädikatsteile zusammentreffen, stehen sie in folgender Reihe:

..., daß er ... kommt	... Personalform
..., daß er ... an-kommt	... Verbzusatz – Personalform
..., daß er ... an-kommen wird	... Verbzusatz – Infinitiv – Personalform
..., daß er ... an-gekommen sein wird	... Verbzusatz – Part. Perf. – Infinitiv – Personalform

Wenn in der Prädikatsgruppe ein Ersatzinfinitiv steht (z. B. beim Perfekt der Modalverben), *steht die Personalform am Anfang der Prädikatsgruppe;* ebenso steht *„werden"* in der Personalform dort, wenn die Prädikatsgruppe zwei Infinitive enthält:

..., daß er die Mahnungen *hat schreiben müssen*
..., daß er die Mahnungen *wird schreiben müssen*
..., daß er den Fahrer *hat sprechen hören*
..., daß er die Sekretärin *wird kommen hören*

Übung 4: *Bilden Sie Gliedsätze!*

1. Wir wissen es. Er hat sich viel mit Außenhandel beschäftigt. (daß) — 2. Er fragte mich. Hat die Sekretärin am Sonnabend im Büro bleiben müssen? (ob) — 3. Sie ging in den Lebensmittelladen. Sie hat sich etwas zum Essen holen wollen. (weil) — 4. Er sagte es mir. Er hat sämtliche Außenstände kontrolliert. (daß) — 5. Ich denke es. Er hat wegen geschäftlicher Schwierigkeiten diesmal nicht zahlen können. (daß) — 6. Er ging zur Bank. Er wollte nach dem neuen Saldo fragen. (weil)

Außenstände — Kontrolle	— Buchführung
Zahlung — Miete	— Heizung
Gehalt — Lohn	— Angestellter — Arbeiter
Lohnsteuer	— Finanzamt
Anteil	— Beitrag
Sozialversicherung	— Krankheit – Rente – Arbeitslosigkeit
Mehrwertsteuer	— Gewerbesteuer
Lkw — Pkw	— Kfz-Steuer
Versicherung — versichern	— Versicherungsprämie
Scheck — Verrechnungsscheck	— Scheckformular — ausfüllen
Indossament	— Scheckeinzug
Gutschrift	— gutschreiben
belasten	— Belastung

ZEHNTER ABSCHNITT

Die Europäische Wirtschafts-Gemeinschaft (EWG)

Die Lebensmittelgroßhandlung Wirth und Söhne bezieht viele Waren aus dem Ausland, wie z. B. französische und italienische Markenweine, holländische, französische und schweizerische Käsesorten, belgische Kekse, italienische Teigwaren und Fruchtsäfte. Diese Lebensmittel werden in Frankreich, in Belgien, in den Niederlanden und in Italien billiger und meistens in besserer Qualität erzeugt als in der Bundesrepublik.

Herr Wirth hat sich in den letzten Jahren auch hier gute und zuverlässige Lieferer gesichert. Besonders groß ist die Nachfrage nach französischen Käsesorten, von denen es an die 380 gibt. Natürlich kann er sich nur mit Käsesorten eindecken, die genügend haltbar sind, er kauft also weniger Weichkäse als Hartkäse. Er muß auch hier über Warenkenntnisse verfügen, weil der angelieferte Käse nicht zum sofortigen Verbrauch bestimmt ist.

Die Waren aus Frankreich, Italien, Großbritannien, Irland, Dänemark und aus den Benelux-Ländern (Belgien, die Niederlande, Luxemburg) können ohne weiteres in die Bundesrepublik eingeführt werden, denn diese neun Länder bilden die EWG, d. h. die Europäische Wirtschafts-Gemeinschaft. Die in diesen Ländern erzeugten Güter können auf dem Gemeinsamen Markt der EWG frei verkauft werden. Das bedeutet, daß für den Warenverkehr dieser Länder ein freier Markt mit rund 250 Millionen Verbrauchern zur Verfügung steht. Auf den Binnenmärkten der einzelnen Länder allein könnte niemals soviel abgesetzt werden. Wenn der deutsche Einfuhrhändler z. B. Käse aus Frankreich einführt, so muß er dafür keinen Zoll entrichten. Er bezieht jedoch auch Käse aus der Schweiz, z. B. Emmentaler Käse, obwohl beim Grenzübergang der Waren Zollabgaben verlangt werden.

Zunächst war innerhalb des Gemeinsamen Marktes der EWG nur der Güterverkehr von Kohle und Stahl frei. Der Gemeinsame Markt bezog sich also nur auf die Erzeugnisse des Bergbaus und der Montanindustrie. Anschließend wurde er auch für landwirtschaftliche Erzeugnisse erschlossen, u. zw. (und zwar) zuerst für italienisches Olivenöl. Seit dem 1. Juli 1968 ist auch der freie Verkehr der industriellen und handwerklichen Güter gesichert.

Den Ausfuhrhändlern für Produkte der Landwirtschaft, der Industrie und des Handwerks wird die Mehrwertsteuer, die auf die Exportgüter entrichtet wurde, bei der Ausfuhr erstattet. Dafür muß der Importeur für die eingeführte Ware die Mehrwertsteuer bezahlen. Diese Mehrwertsteuer ist die erste gemeinsame Steuer im EWG-Bereich, wenn sie auch in den einzelnen Mitgliedstaaten zu einem verschiedenen Prozentsatz erhoben wird.

Der Außenhandel wird wie jeder Warenaustausch auf dem Binnenmarkt abgewickelt. Es gibt allerdings Unterschiede in den Lieferbedingungen und in der Zahlungsweise, die jedoch auf dem Gemeinsamen Markt der EWG allmählich den Bedingungen des Binnenhandels angeglichen werden.

Beantworten Sie die folgenden Fragen in ganzen Sätzen!:

1. Welche Waren führt die Firma Wirth aus Frankreich ein?
2. Was kauft die Firma Wirth noch im Ausland?
3. Weshalb kauft die Firma Wirth diese Waren auf dem Auslandsmarkt?
4. Nach welchen Lebensmitteln aus Frankreich ist die Nachfrage auf dem deutschen Binnenmarkt besonders groß?
5. Über was für Kenntnisse muß der Importeur beim Einkauf im Ausland verfügen?
6. Weshalb können Waren aus einigen europäischen Ländern frei in die Bundesrepublik eingeführt werden?
7. Wie heißt die Gemeinschaft dieser Länder?
8. Wie heißen die Staaten, die zum Gemeinsamen Markt gehören?
9. Für welche Einfuhrgüter muß der deutsche Importeur Zoll entrichten?
10. Welche Steuer muß auf alle Einfuhrgüter entrichtet werden?
11. Was geschieht mit der Mehrwertsteuer für die Ausfuhrgüter?
12. Welche Unterschiede zeigen sich in den Bedingungen des Außen- und des Binnenhandels?

Die Handlung hinter der Konjunktion **bevor** liegt zeitlich *nach* der Handlung im übergeordneten Satz. Statt der Konjunktion **bevor** kann auch die Konjunktion **ehe** stehen (vgl. die Präposition *vor*).

Die Handlung hinter der Konjunktion **während** liegt *in der gleichen Zeit* wie die Handlung im übergeordneten Satz (vgl. die Präposition *während*).

Die Handlung hinter der Konjunktion **nachdem** liegt zeitlich *vor* der Handlung im übergeordneten Satz (vgl. die Präposition *nach*).

Der Beginn der Handlung hinter der Konjunktion **seit(dem)** trifft zeitlich mit dem Beginn der Handlung des übergeordneten Satzes zusammen (vgl. die Präposition *seit*).

Temporalsätze

Satzglied	Gliedsatz
Vor einem neuen Warenkauf stellt der Kaufmann seinen Lagerbestand fest.	*Bevor der Kaufmann neue Waren einkauft*, stellt er seinen Lagerbestand fest.
Während der Arbeit in einer Außenhandelsfirma habe ich viel gelernt.	*Während ich in einer Außenhandelsfirma arbeitete*, habe ich viel gelernt.
Nach seiner Berufsausbildung kann er nach Übersee fahren.	*Nachdem er seine Berufsausbildung abgeschlossen hat*, kann er nach Übersee fahren.
Seit meiner Lehrzeit habe ich nichts mehr von ihm gehört.	*Seitdem ich meine Lehrzeit beendet habe*, habe ich nichts mehr von ihm gehört.

Beachten Sie die **Zeitformen** nach der Konjunktion *nachdem!*

Nachdem er seine Berufsausbildung *abgeschlossen hat, kann* er nach Übersee fahren (Perfekt – Präsens).

Nachdem er seine Berufsausbildung *abgeschlossen hatte, konnte* er nach Übersee fahren (Plusquamperfekt – Präteritum oder Perfekt).

Übung 1: *Bilden Sie temporale Gliedsätze! (bevor, während, nachdem)*

1. Der Kaufmann telefonierte, und die Sekretärin schrieb einen Geschäftsbrief. — 2. Die Lagerangestellten stellten die Kisten auf den Hof. Dann verluden sie die Sendung auf den Firmenwagen. — 3. Der Firmeninhaber unterschrieb mehrere Schecks. Vorher kontrollierte der Buchhalter die Außenstände. — 4. Herr Engelmann öffnete die Lagertür. Dann ging er zu den Kunden im Laden. — 5. Die Verkäuferin sprach mit einer Kundin. Ein neuer Kunde betrat das Geschäft. — 6. Er wartete auf der Post auf die Fernsprechverbindung. Er beobachtete den Postbeamten bei seiner Arbeit. — 7. Der Fahrer geht nach Haus. Vorher muß er die Garage aufräumen. — 8. Er beendete seinen Studienaufenthalt in Übersee. Dann kehrte er in seine Heimatstadt zurück. — 9. Er entschloß sich, Betriebswirtschaft zu studieren. Vorher unterhielt er sich oft mit Freunden über die beruflichen Aussichten eines Kaufmanns. — 10. Er studierte acht Semester an der betriebswirtschaftlichen Fakultät. Er befaßte sich besonders viel mit den Problemen des Außenhandels. — 11. Er beendete sein Studium und beschäftigte sich dann mit der Einfuhr von Rohstoffen. — 12. Ich hatte Urlaub und arbeitete in einer Firma in Belgien.

trotz: obwohl – trotzdem

Er geht heute *trotz der Feiertage* in sein Büro.
Trotz der vielen Arbeit blieb er ruhig und höflich.
Trotz des Verbots des Firmeninhabers rauchte der Angestellte im Lager.

Mit der Präposition *trotz* wird ein Satzglied eingeleitet, das einen Umstand angibt, der ein anderes Geschehen erwarten läßt, als im Satz beschrieben wird.

Er geht heute in sein Büro, *obwohl es Feiertag ist.*
Er blieb ruhig und höflich, *obwohl er viel Arbeit hatte.*
Der Angestellte rauchte im Lager, *obwohl der Firmeninhaber es verboten hatte.*

Wenn dieses (konzessive) Satzglied ein eigenes Prädikat erhält, entsteht ein Gliedsatz, dem die Konjunktion *obwohl* den konzessiven Sinn gibt (obwohl = obschon = obgleich).

Es ist Feiertag; *trotzdem* geht er heute ins Büro.
Er hatte viel Arbeit; *trotzdem* blieb er ruhig und höflich.
Der Firmeninhaber hatte es ihm verboten; *trotzdem* rauchte der Angestellte im Lager.

Das Konjunktionaladverb „*trotzdem*" vertritt den vorangehenden Satz (statt „trotzdem" kann „aber" oder „dennoch" stehen).

Übung 2: *Bilden Sie Gliedsätze mit „obwohl"!*

1. Er muß in diesem Laden immer lange warten; trotzdem will er in keinem anderen Geschäft einkaufen. — 2. Alle meine Freunde sagen, daß die Zigarettenmarke „Fumo" die beste ist; trotzdem glaube ich das nicht. — 3. Der Importeur hat viele Schwierigkeiten mit der Einfuhr aus diesem Land; trotzdem kauft er weiter dort ein. — 4. Der Kaufmann hatte beim Exporteur die bestellten Waren genau angegeben; trotzdem wurde ihm eine andere Qualität geliefert. — 5. Auf dem Gemeinsamen Markt verkehren die Waren aus den neun Mitgliedstaaten ohne jede Behinderung; trotzdem gibt es noch viele Schwierigkeiten. — 6. In Frankreich werden die meisten und besten Käsesorten erzeugt; trotzdem kaufen französische Firmen Emmentaler Käse aus dem Allgäu. — 7. Innerhalb des Gemeinsamen Marktes wird kein Zoll beim Grenzübergang entrichtet; trotzdem kaufen die Importeure auch in anderen Ländern. — 8. Der Importeur hat schon vor vier Wochen ein Angebot von dieser Firma in Übersee verlangt; trotzdem hat er bis heute keine Antwort erhalten. — 9. Die Außenhandelsfirmen Wirth und Meyer stehen schon seit Jahren miteinander in Verbindung; trotzdem hat Herr Wirth die letzte Rechnung noch nicht beglichen. — 10. Lieferer und Abnehmer sind im Außenhandel oft durch weite Ent-

fernungen getrennt; trotzdem werden manche Geschäfte wie im Binnenhandel abgewickelt.

Übung 3: *Bilden Sie Sätze mit „trotzdem"!*

1. Obwohl mein Freund ein gutes Stellenangebot von einer Firma in Kanada erhielt, ging er in die Vereinigten Staaten. — 2. Obwohl dieser Exporteur in den letzten Jahren viel Geld verdient hat, ist er nicht zufrieden. — 3. Obwohl in diesem Seehafen schon viele Lagerschuppen für die Güter aus Übersee gebaut wurden, reichen die Räume wieder nicht aus. — 4. Obwohl sein Geschäftsfreund ihm von dieser Exportfirma abgeraten hatte, kaufte er dort größere Warenposten ein. — 5. Obwohl die Behörden die Einfuhr von lebenden Tieren verboten hatten, wollte er einen Schäferhund von Deutschland nach Frankreich bringen. — 6. Obwohl er lange in einer Außenhandelsfirma gearbeitet hatte, konnte er dieses Geschäft nicht durchführen. — 7. Obwohl der Exporteur den ausländischen Markt beliefert, beobachtet er ständig den Binnenmarkt. — 8. Obwohl diese Ware sehr günstig im Ausland zu kaufen war, wollte der Einfuhrhändler sie nicht haben. — 9. Obwohl ausländische Geschäftsfreunde aus vielen Ländern seine Firma besuchen, fährt er sehr selten ins Ausland. — 10. Obwohl der freie Warenverkehr für alle Länder von Vorteil ist, erheben manche Regierungen einen sehr hohen Zoll.

Europäische Wirtschafts-Gemeinschaft	— Gemeinsamer Markt
Auslandsmarkt	— Binnenmarkt
Außenhandel	— Binnenhandel
Importeur	— Exporteur
Einfuhrhändler	— Ausfuhrhändler
Import	— Export
Einfuhr	— Ausfuhr
Zoll	— Mehrwertsteuer
einführen	— ausführen
Landwirtschaft	— Bergbau
Industrie	— Handwerk
Güter	— Waren

ELFTER ABSCHNITT

Was ist ein Dienstleistungsbetrieb?

Wie allen Kunden der Firma Wirth, deren Geschäft im Stadtgebiet liegt, werden auch der Firma Engelmann die bestellten Waren durch den Firmenwagen des Großhändlers zugestellt, ohne daß dafür ein Aufschlag berechnet wird. Für diese Unkosten ist ein bestimmter Betrag im Preis einkalkuliert. Wenn das Geschäft von Herrn Engelmann außerhalb dieses Gebietes läge, so müßte er einen bestimmten Betrag für die Zustellung bezahlen.

Wenn sich Herr Wirth bei seinen Lieferern eindeckt, so werden ihm die Waren ebenfalls zugestellt oder er schickt selbst seinen Lkw zum Lieferwerk. Umfangreiche Sendungen werden auch als Frachtgut mit der Bundesbahn befördert. Für seine Einkäufe in Übersee nimmt Herr Wirth die Dienste der Schiffahrtsgesellschaften in Anspruch. Leichtverderbliche Waren, wie z. B. Austern, läßt er als Luftfracht kommen.

Die Güter, die von firmeneigenen Wagen oder mit fremden Verkehrsmitteln befördert werden, müssen für jeden möglichen Schadensfall versichert sein. Herr Wirth schließt deshalb mit einer Versicherungsfirma einen Versicherungsvertrag ab und bezahlt die Prämien vor Abgang der Ware. Wenn er diese Zahlung unterließe, erhielte er im Schadensfall den entstandenen Schaden nicht erstattet.

Der Versicherungsbetrieb leistet also dem Großhändler auch einen Dienst. Diese Dienstleistung besteht in der Erstattung von materiellen Schäden.

Eine andere Art von Dienstleistung nimmt der Kaufmann von seiner Bank in Anspruch: Er beauftragt seine Bank, das Geld, das er nicht sofort benötigt, aufzubewahren. Der entsprechende Betrag steht ihm auf seinem Konto immer zur Verfügung. Er beauftragt weiterhin seine Bank, für seine Rechnung Zahlungen zu leisten und Überweisungen auf sein Konto entgegenzunehmen. Somit sind also auch Banken Dienstleistungsbetriebe.

Wir nennen die Verkehrs-, Versicherungs- und Bankbetriebe Dienstleistungsbetriebe, weil sie den anderen Betrieben, wie z. B. Industrie- und Handelsbetrieben, in ihrer wirtschaftlichen Tätigkeit helfen. Für diese Hilfe, d. h. für ihre Dienste, erhalten sie ein Entgelt.

Demgegenüber stehen die Industrie- und Handwerksbetriebe. Sie stellen die Güter her, die durch die Vermittlung der Handelsbetriebe zu den Verbrauchern gelangen.

Die Betriebe der Industrie und des Handwerks, die Dienstleistungsbetriebe und die Handelsbetriebe bezeichnen wir als Gewerbebetriebe. Der Inhaber eines Gewerbebetriebes ist ein Gewerbetreibender, während seine Angestellten und Arbeiter in einem Gewerbe tätig sind.

Beantworten Sie folgende Fragen in ganzen Sätzen:

1. Wie werden die Waren von der Lieferfirma zu den Kunden befördert?
2. Welche Verkehrsmittel kennen Sie?
3. Was sind Verkehrsbetriebe?
4. Wogegen werden die beförderten Güter versichert?
5. Wo kann man Güter versichern?
6. Was leistet die Versicherungsgesellschaft für die bezahlte Prämie?
7. Wie arbeitet der Kaufmann mit seiner Bank zusammen?
8. Welche Aufträge kann er seiner Bank erteilen?
9. Was verstehen Sie unter Dienstleistung?
10. Welche Dienstleistungsbetriebe kennen Sie?
11. Welche Dienstleistungen nehmen Sie in Anspruch?
12. Was ist ein Gewerbebetrieb?
13. Wer ist ein Gewerbetreibender?
14. Von wem sagen wir, daß er in einem Gewerbe tätig ist?
15. Sind Sie auch Gewerbetreibender oder in einem Gewerbe tätig?

Der Konjunktiv

Man unterscheidet **zwei Konjunktivformen, den Konjunktiv I und den Konjunktiv II.** Beide Konjunktivformen haben die gleichen Personalformen, d. h. die Personalendungen sind gleich: ich -e, du -est, er -e; wir -en, ihr -et, sie -en.

Der Konjunktiv I

Man bildet den Konjunktiv I vom Präsensstamm der Pluralformen (d. h. Präsens ohne Personalendungen: wir *sagen* – *sag*-; wir *nehm*en – *nehm*-) und hängt an den Präsensstamm die Personalendungen des Konjunktivs:

Präs.:	wir *sag*-en	wir *kauf*-en ... *ein*	wir *nehm*-en	wir *schlaf*-en ... ein
Konj.:	ich sag-e	ich kauf-e ... ein	ich nehm-e	ich schlaf-e ... ein
	du sag-*est*	du kauf-*est* ... ein	du *nehm*-est	du *schlaf*-est ... ein
	er sag-*e*	er kauf-*e* ... ein	er *nehm*-e	er *schlaf*-e ... ein
	wir sag-en	wir kauf-en ... ein	wir nehm-en	wir schlaf-en ... ein
	ihr sag-*et*	ihr kauf-*et* ... ein	ihr nehm-*et*	ihr schlaf-*et* ... ein
	sie sag-en	sie kauf-en ... ein	sie nehm-en	sie schlaf-en ... ein

Konjunktiv I von „sein": ich sei, du seiest, er sei,
wir seien, ihr seiet, sie seien

Übung 1: *Bilden Sie den Konjunktiv I!*

1. er packt, sie holt ab, ihr ladet ab — 2. sie sind, wir zählen ab, er achtet, sie ändert — 3. er bietet an, er verläßt, ihr verständigt — 4. sie liefert, er fährt, ihr gründet, wir finden — 5. er stellt fest, sie entschuldigt sich, er nimmt — 6. er entrichtet, es beginnt, er schließt ab — 7. sie bestätigt, sie besteht, es bezieht sich.

Der Konjunktiv II

Prä-teritum:	wir *lernt*-en	wir *arbeitet*-en	wir *nahm*-en	wir *blieb*-en
Konjunk-tiv II:	ich lernt-e	ich arbeitet-e	ich n*ä*hm-*e*	ich blieb-*e*
	du lernt-est	du arbeitet-est	du n*ä*hm-*est*	du blieb-*est*
	er lernt-e	er arbeitet-e	er n*ä*hm-*e*	er blieb-*e*
	wir lernt-en	wir arbeitet-en	wir n*ä*hm-en	wir blieb-en
	ihr lernt-et	ihr arbeitet-et	ihr n*ä*hm-*et*	ihr blieb-*et*
	sie lernt-en	sie arbeitet-en	sie n*ä*hm-en	sie blieb-en

Man bildet den Konjunktiv II vom Präteritumstamm der Pluralformen (d. h. Präteritum ohne Personalendungen: wir *sagt*-en – *sagt*; wir *antworteten – antwortet;* wir *schrieben – schrieb*) und hängt an den Präteritumstamm die Personalendungen des Konjunktivs. Der Stammvokal der starken Verben wird zum Umlaut: wir *fuhr*en – *führ*-, wir *kam*en – *käm*-.
Beachten Sie, daß das Präteritum und der Konjunktiv II bei allen schwachen Verben vollkommen gleich sind! Bei den starken Verben, die keinen Umlaut bilden können, sind die 1. und 3. Person Plural im Präteritum und im Konjunktiv II gleich.

Einige Verben bilden den Konjunktiv II unregelmäßig:

Präteritum:	Konjunktiv II:
wir kannten	wir kennten
wir nannten	wir nennten
wir sandten	wir sendeten

Schwache Verben, die im Präteritum den Stammvokal ändern, bilden den Konjunktiv II mit Umlaut. Ausnahmen: kennen, nennen, senden.

wir *brach*ten – wir brächten; wir *dach*ten – wir dächten

Übung 2: *Bilden Sie den Konjunktiv II!*

1. er übernimmt, sie hat, er steigt . . . ein — 2. sie gibt ab, er bekommt, sie benennen — 3. ich besorge mir, wir beginnen, sie führen ein — 4. es

77

geht ein, ihr einigt euch, sie trägt ein — 5. wir zahlen ein, er entschließt sich, es entspricht nicht — 6. er erhält, es handelt sich um, es tut mir leid, ihr seht nach — 7. wir fragen nach, er notiert sich, sie saldieren — 8. ich schätze, wir tätigen, er trinkt, sie trägt — 9. ihr verdient, er vergißt, sie vertreten.

Der Ausdruck der Zeit beim Konjunktiv

Der Konjunktiv hat nur **zwei Formen zum Ausdruck der Zeit.**
Für die Gegenwart und Zukunft stehen die einfachen Formen des Konjunktivs I und II:

Gegenwart: er *lerne* jetzt Deutsch; Peter *gehe* heute ins Geschäft
             er *lernte* jetzt Deutsch; ich *ginge* heute ins Geschäft
Zukunft: er *lerne* nächstes Jahr Deutsch; Peter *gehe* morgen ins Geschäft
             er *lernte* nächstes Jahr Deutsch; ich *ginge* morgen ins Geschäft

Für **die Vergangenheit stehen die mit** *haben* oder *sein* **zusammengesetzten Formen.** Die Hilfsverben bilden die Konjunktivformen I und II:

    er *habe* letztes Jahr Deutsch *gelernt;* Peter *sei* gestern ins Geschäft *gegangen;*
    er *hätte* letztes Jahr Deutsch *gelernt;* ich *wäre* gestern ins Geschäft *gegangen.*

Übung 3: *Bilden Sie den Konjunktiv!*

1. ich habe geschrieben; er las den Geschäftsbrief; es ist gestern angekommen — 2. er hatte das Angebot gelesen; er betrieb ein Gewerbe; er fuhr nach Übersee — 3. sie hat Außenhandel studiert; ich bin in Hamburg gewesen; er war sehr zuverlässig — 4. ihr habt ihn kennengelernt; er telefonierte mit ihnen; er half uns.

Übung 4: *Bilden Sie den Konjunktiv!*

1. ich bin ins Lebensmittelgeschäft gegangen; wir fragten den Buchhalter; wir sind in einer großen Außenhandelsfirma gewesen — 2. der Firmenwagen war in den Hof gefahren; er hat die Außenstände kontrolliert; sie gab ihm den Verrechnungsscheck — 3. die Angestellten sind nach Hause gegangen; er hat mir den Lieferschein gegeben; wir sprachen mit dem Abteilungsleiter — 4. sie hatte keine Zeit; er war unhöflich; er nahm das Paket — 5. er wurde Kaufmann; er hatte sein betriebswirtschaftliches Studium beendet; er kaufte sich ein Wörterbuch.

Gebrauch des Konjunktivs

Die indirekte Rede

Die indirekte Rede ist die Mitteilung der Aussage einer anderen Person. Man gebraucht dafür den Konjunktiv. **Man zeigt damit, daß man nicht seine** eigene Meinung ausdrückt.

Für die indirekte Rede gebraucht man den Konjunktiv I. Wenn Präsensform und Konjunktivform gleich sind, gebraucht man den Konjunktiv II.

Direkte Rede	**Indirekte Rede**
1. Renate schreibt (schrieb) mir: „Peter *ist* jetzt mit seiner Berufsausbildung fertig."	Renate schreibt (schrieb) mir, *daß* Peter jetzt mit seiner Berufsausbildung fertig *sei*. Peter *sei* jetzt mit seiner Berufsausbildung fertig.
2. „Er *geht* bald nach Lübeck, denn er *will* in einer Außenhandelsfirma arbeiten."	Er *gehe* bald nach Lübeck, denn er *wolle* in einer Außenhandelsfirma arbeiten.
3. „Peter *hat* vor einigen Tagen die Kaufmannsgehilfenprüfung *abgelegt*. Gestern *ist* er zu seinen Eltern gefahren, nachdem er sich von seinen Kollegen *verabschiedet hatte*."	Peter *habe* vor einigen Tagen die Kaufmannsgehilfenprüfung *abgelegt*. Gestern *sei* er zu seinen Eltern gefahren, nachdem er sich von seinen Kollegen *verabschiedet hatte*.
4. „Er *konnte* nicht ins Büro kommen, denn er *hat* drei Tage im Bett bleiben *müssen*. Vorher *hatte* er noch einen alten Schulfreund auf dem Land besuchen *wollen*."	Er *habe* nicht ins Büro kommen *können*, denn er *habe* drei Tage im Bett bleiben *müssen*. Vorher *habe* er noch einen alten Schulfreund auf dem Land besuchen *wollen*.

Man beginnt Aussagesätze in der indirekten Rede **mit der Konjunktion** *daß*, wenn die indirekte Rede kurz ist. Oft behalten die Sätze in der indirekten Rede aber **die gleiche Form wie in der direkten Rede.**

Handlung in der	Direkte Rede Hauptverb oder Modalverb steht im	Indirekte Rede Im Konjunktiv I (oder II) stehen
Gegenwart	Präsens	Hauptverb oder Modalverb
Vergangenheit	Imperfekt Perfekt Plusquamperfekt	Hilfsverb (+ Partizip Perfekt oder Infinitiv des Modalverbs)
Zukunft	Präsens Futur	Hauptverb oder Modalverb Hilfsverb (+ Infinitiv)

5. „Im nächsten Jahr *bekommt* Peter Urlaub. Dann besucht er *mich*." — Im nächsten Jahr *bekomme* Peter Urlaub. Dann besuche er *sie*.

6. „Danach *wird* er wieder nach Lübeck zurückfahren *müssen*." — Danach *werde* er wieder nach Lübeck zurückfahren *müssen*.

7. Renate fragte mich: „Bringst *du mir* das Warenkundelehrbuch mit? *Ich* kann *dir* auch *meine* Bücher zeigen." — Renate fragte mich, ob *ich ihr* das Warenkundelehrbuch mitbringe. *Sie* könne *mir* auch *ihre* Bücher zeigen.

Beachten Sie! Oft muß das Pronomen in der indirekten Rede geändert werden!

8. Karl erzählt: „Gestern habe *ich meinen* Onkel besucht. *Er* hat mit *mir* über das betriebswirtschaftliche Studium gesprochen, weil *er mir* einige Ratschläge geben wollte. *Ich* zeigte *ihm meine* Bücher, weil *er* auch ein bekanntes Lehrbuch geschrieben hat."

Karl erzählt, daß *er* gestern *seinen* Onkel besucht habe. *Der Onkel* habe mit *ihm* über das betriebswirtschaftliche Studium gesprochen, weil *er Karl* einige Ratschläge geben wollte. *Karl* habe *ihm seine* Bücher gezeigt, weil *sein Onkel* auch ein bekanntes Lehrbuch geschrieben habe.

Oft muß in der indirekten Rede statt des Personalpronomens das Nomen benutzt werden.

Übung 5: *Was hat er (sie) gesagt?*

1. Seit einigen Tagen arbeite ich zu viel. — 2. Nach Büroschluß sitze ich meistens im Café. — 3. Wegen der Feiertage fallen in dieser Woche zwei Arbeitstage aus. — 4. Er hat in Bremen in einer Importfirma gearbeitet. — 5. Karl hat jetzt eine Exportfirma. — 6. Ich werde im Winter nach Südamerika fliegen. — 7. Die Schreibmaschine steht neben dem Fenster.

Übung 6: *Was hat er (sie) gefragt?*

1. Hast du Zeit? — 2. Hat der Kaufmann viel Geld verdient? — 3. Wann ist der Firmenwagen gekommen? — 4. Wie lange hat der Kunde gewartet? — 5. Wann beginnt die Wintersaison? — 6. Hat Ihnen der Kunde einen Verrechnungsscheck gegeben? — 7. Wie groß ist dieser Lagerraum? — 8. War die Lieferung richtig? — 9. Haben Sie die Mahnung schon geschrieben? — 10. Ist dieser Betrag schon überwiesen?

Den *Imperativ* in der direkten Rede drückt man in der indirekten Rede mit den Modalverben „sollen" oder „mögen" aus.

Er sagt:

Er sagt,

„*Geh* jetzt ins Büro!"
„*Geht* jetzt ins Büro!"
„*Gehen Sie* jetzt ins Büro!"
„*Gib* mir bitte einen Rat!"
„*Gebt* mir bitte einen Rat!"
„*Geben Sie* mir bitte einen Rat!"

daß du jetzt ins Büro *gehen sollest.*
daß ihr jetzt ins Büro *gehen sollet.*
daß Sie jetzt ins Büro *gehen sollten.*
daß du ihm einen Rat *geben mögst.*
daß ihr ihm einen Rat *geben möget.*
daß Sie ihm einen Rat *geben möchten.*

Übung 7: *Setzen Sie in die indirekte Rede (soweit möglich):*
Seite 44, Seite 51, Seite 52, Seite 53.

Frachtgut	— Bundesbahn
Seeschiffahrt	— Flugverkehr
Verkehrsmittel	— Verkehrsbetrieb
Schadensfall	— Versicherungsprämie
Versicherungsbetrieb	— Versicherungsfirma
Schaden entsteht	— Schaden wird erstattet
Bank	— Aufträge
Dienstleistung	— Entgelt
Dienstleistungsbetriebe	— Verkehrsbetriebe
Versicherungsbetriebe	— Bankbetriebe
Güter herstellen — Dienste leisten	— Waren verkaufen
Gewerbe — Gewerbetreibender	— in einem Gewerbe tätig sein

ZWÖLFTER ABSCHNITT

Erweiterung des Geschäfts

Der Kundenkreis der Firma Engelmann hat in den letzten Jahren ständig zugenommen. Das ist darauf zurückzuführen, daß die angebotenen Waren immer von guter Qualität und etwas billiger sind als in den umliegenden Geschäften. Herr Engelmann legt Wert darauf, daß seine Kunden gut und schnell bedient werden, damit sie gern wiederkommen. In letzter Zeit sind große Bürohäuser in der Nähe des Ladens fertig geworden. Viele Angestellte kommen in der Mittagspause in das Geschäft, um sich etwas zum Essen zu kaufen. Deshalb ist in dieser Zeit oft ein Gedränge in dem kleinen Laden.

Schon seit längerer Zeit überlegt sich Herr Engelmann, wie er seinen Laden vergrößern könnte, um seiner Kundschaft gerecht zu werden. Er hatte bereits mehrere Besprechungen mit Herrn Wirth, der als Großhändler über mehr Erfahrung und über bedeutend mehr Kapital verfügt als er.

Nach langem Überlegen will nun Herr Engelmann mit Herrn Wirths

Hilfe folgende Veränderungen in seinem Geschäft durchführen: Der Inhaber des angrenzenden Fahrradgeschäfts wird in drei Monaten aus Gesundheitsgründen seinen Laden aufgeben. Der Hauseigentümer ist bereit, Herrn Engelmann diese Räume zu Geschäftszwecken zu vermieten. Natürlich weiß Herr Engelmann, daß die Miete für gewerbliche Räume — besonders in der Innenstadt — sehr hoch ist.

Um den Umbau und Ausbau seines Ladens zu einem Selbstbedienungsgeschäft zu finanzieren, braucht Herr Engelmann einen größeren Geldbetrag. Er verfügt zwar über Reserven, doch sind diese Rücklagen nicht besonders hoch. Deshalb hat er mit Herrn Wirth eine Vereinbarung getroffen, die ihm die Erweiterung seines Geschäfts und die ganze Neueinrichtung ermöglicht. Er verpflichtet sich, auf die Dauer von zehn Jahren sämtliche Artikel, die er im Laden führt, bei der Firma Wirth zu kaufen. Waren, die dort nicht zu haben sind, kann er selbstverständlich von einer anderen Firma beziehen. Dafür erhält die Firma Engelmann ein Darlehen mit einer Laufzeit von zehn Jahren, wovon in den ersten drei Jahren nur die Verzinsung des Kapitals, dann in sieben Jahren der Kreditbetrag selbst zurückgezahlt werden müssen.

Herr Engelmann ist nicht mehr der jüngste. Deshalb hat Herr Wirth ihm geraten, einen jüngeren Teilhaber mit Kapital in die Firma aufzunehmen. Er könnte die Firma später ganz übernehmen. Herr Wirth hat einen Verwandten, der auf dem Land ein Gemischtwarengeschäft betreibt. Er hat viel Gutes über ihn gehört und kann ihn als einen ruhigen und zuverlässigen Mann empfehlen. Dieser junge Mann wäre bereit, eine Einlage in die Firma einzubringen und dort mitzuarbeiten.

Dies ist Herrn Engelmann sehr recht, denn er möchte nicht gern jemand ganz Fremden in die Firma aufnehmen. Er ist unter diesen Umständen einverstanden, seine Einzelfirma beim Handelsregister in eine Kommanditgesellschaft umändern zu lassen; der neue Teilhaber bringt als Kommanditist eine Kommanditeinlage von 30 000,— DM in die Firma. Das bedeutet, daß er bis zu diesem Betrag für alle Verpflichtungen der Firma haftet, während Herr Engelmann als Komplementär unbeschränkt haften muß. Von nun an wird die Firmierung lauten: Firma Engelmann KG, Lebensmitteleinzelhandelsgeschäft.

Letzten Endes ist Herr Engelmann froh, daß er sich zu diesen räumlichen und personellen Veränderungen entschlossen hat, denn er ist davon überzeugt, in seinem jungen Geschäftspartner eine tüchtige, verantwortungsbereite Hilfe für seine letzten Geschäftsjahre gefunden zu haben.

Beantworten Sie folgende Fragen in ganzen Sätzen:

1. Aus welchen Gründen hat der Kundenkreis der Firma Engelmann in den letzten Jahren ständig zugenommen?
2. Welche räumlichen Veränderungen will Herr Engelmann durchführen?
3. Was soll in der Bedienung geändert werden?
4. Kann Herr Engelmann die entstehenden Ausgaben vollständig aus eigenen Mitteln decken?
5. Wer ist ihm bei diesem Ladenumbau behilflich?
6. Welche Veränderung tritt außerdem innerhalb der Firma ein?
7. Was bringt der junge Partner in die Firma ein?
8. Wie wird die Firma Engelmann von nun an firmieren?
9. Wofür haftet der Kommanditist?
10. Welche Hoffnung hat Herr Engelmann jetzt?

um ... zu – damit

Ich lese regelmäßig die Marktberichte, *um* mich über die Großhandelspreise *zu informieren.*
Er nimmt einen jungen Teilhaber in seine Firma auf, *um* eine verantwortungsbereite Hilfe im Geschäft *zu haben.*
Die Präposition *um* vor einem Infinitivsatz drückt aus, daß die Infinitivhandlung das Ziel, der Zweck oder die Absicht der Haupthandlung ist (final). Das Subjekt der Haupthandlung ist auch Subjekt der Infinitivhandlung.
Man fragt: *Zu welchem Zweck?, wozu?* oder auch *warum?, weshalb?*

Herr Brandl schickt seine Tochter in den Zeitungsladen, *damit sie* eine Zeitung holt. – *Herr Wirth* schickt seinen Fahrer zu Herrn Engelmann, *damit er* die Waren zustellt.

Wenn die Subjekte der beiden Handlungen nicht gleich sind, bildet man einen Gliedsatz mit der Konjunktion *damit*. Man nennt diese Gliedsätze Finalsätze.
In den finalen Infinitivsätzen und Gliedsätzen stehen keine *Modalverben mit finaler Bedeutung* (wollen, sollen, mögen).

Übung 1: *Bilden Sie Finalsätze! „um ... zu" oder „damit"*

1. Die Sekretärin geht zum Lagerverwalter. Sie will sich nach einer dringenden Bestellung erkundigen. – 2. Ich fahre morgen in Urlaub. Ich will mich gründlich erholen. – 3. Der Kaufmann fährt nach Hamburg. Er will dort Geschäftsfreunde treffen. – 4. Wir haben an eine Exportfirma in Frankreich geschrieben. Wir wollen etwas über ihre neuen Artikel erfahren. – 5. Die Kunden müssen bei Geschäftsschluß den Laden verlassen. Die Angestellten können den Laden aufräumen. –

6. Herr Engelmann hat mit Herrn Wirth eine Vereinbarung getroffen. Herr Wirth will ihm beim Geschäftsausbau helfen. — 7. Der Kaufmann sucht einen Geschäftspartner. Er soll Kapital in die Firma einbringen. — 8. Der Exportkaufmann schickt seinen Sohn nach Afrika. Er soll den Außenhandel kennenlernen. — 9. Die Firma schließt eine Versicherung für ihre Waren ab. Sie will sich damit die Erstattung eines Schadens sichern. — 10. Die EWG hat einen Gemeinsamen Markt. Der freie Warenverkehr soll ermöglicht werden.

Übung 2: *Antworten Sie auf folgende Fragen!*

1. Warum geht er nach Hamburg? (Er will den Außenhandel erlernen.) — 2. Warum vergrößert Herr Engelmann sein Geschäft? (Er will seinen Kundenkreis nicht verlieren.) — 3. Weshalb will Herr Engelmann von Herrn Wirth ein zehnjähriges Darlehen? (Er will den Ladenumbau durchführen.) — 4. Warum will der Kaufmann Selbstbedienung einführen? (Die Kunden sollen schnell ihre Einkäufe machen.) — 5. Weshalb schreibt die Sekretärin eine Mahnung? (Der säumige Kunde soll seine Rechnung bezahlen.) — 6. Warum kommt der Vertreter in die Großhandelsfirma? (Er soll dem Geschäftsinhaber die neuen Waren vorführen.) — 7. Weshalb kauft der Großhändler manche Waren im Ausland? (Er will niedrigere Preise als am Binnenmarkt bezahlen.) — 8. Warum gibt der Kaufmann seinem Geschäftsfreund Ratschläge? (Der Geschäftsfreund will sein Geschäft vergrößern.)

Attribute bei unbestimmten Pronomen

Weißt du *etwas Neues?* – In den Nachrichten war *nichts Wichtiges.* – Ich werde Ihnen *etwas Interessantes* erzählen. – Dieser Kaufmann hat armen Leuten *viel Gutes* getan. – Die Verkäuferin spricht mit *jemand Fremdem.*

Wenn **Adjektive als Attribute zu unbestimmten Pronomen treten,** stehen sie **hinter den Pronomen, und man schreibt sie groß.** Die attributiven Adjektive erhalten die Endungen der **Artikeldeklination** (Ausnahme: Gen. Singular maskulin und neutral -*en*). Die unbestimmten Pronomen *jemand, niemand, etwas, nichts* werden nicht dekliniert. Nach *jemand* und *niemand* steht auch für Personen die neutrale Form.

Wir wünschen Ihnen *alles Gute.*
In dem Brief steht *einiges Wichtige.*
Ihr habt uns mit *vielem Schönen* überrascht.

Wenn die unbestimmten Pronomen dekliniert werden, folgen die Adjektive der „**bestimmten**" **Adjektivdeklination** (Adjektivdeklination nach dem bestimmten Artikel).

Übung 3: *Setzen Sie die Adjektive richtig ein!*

1. Wollen Sie etwas kaufen? (teuer oder billig) — 2. Sie möchte etwas für die Feiertage. (schön) — 3. Du hast viel besprochen. (wichtig) — 4. Du sollst diesem Kunden etwas sagen. (freundlich) — 5. Er hat mir viel gewünscht. (gut) — 6. In diesen heißen Tagen haben wir oft etwas getrunken. (kalt) — 7. Er hat in Frankfurt viel gelernt. (neu) — 8. Wir haben damit nichts gewollt (böse) — 9. Ich habe in fremden Ländern viel gesehen. (lustig) — 10. Er hat seinen Angestellten immer viel gesagt. (nett)

Attributsätze

Wir haben über die *Frage, ob wir diese Bestellung machen können,* sehr lange verhandelt. — Ich habe die *Befürchtung, daß er lange auf den Rechnungsausgleich warten muß.* — Seine *Sorge, daß er nicht genügend Waren auf Lager habe,* kann ich nicht verstehen.

Außer den Relativsätzen können auch **andere Attributsätze** ein Nomen näher erklären. Dies sind die **Sätze, die mit Konjunktionen** (*daß, ob*) **oder mit Fragewörtern eingeleitet werden.** Sie erklären Nomen, die ein Geschehen oder einen Zustand beschreiben, z. B. *Glaube, Hoffnung, Sorge, Freude, Bestimmung* usw.

Wenn das Subjekt im Hauptsatz genannt wird, stehen Infinitive oder Infinitivsätze als Attribute.

Es hat mir Freude gemacht, dem Lagerverwalter bei seiner Arbeit zu helfen (... *mir* ..., daß *ich* dem Lagerverwalter helfen konnte).

Attributsätze stehen unmittelbar hinter dem Nomen, von dem sie abhängen.

Der Sohn hat das Geschäft seines Vaters, der sehr krank ist, übernommen.

Übung 4: *Setzen Sie die Sätze als Attributsätze richtig ein!*

1. Die Nachricht habe ich in der Zeitung gelesen. (Die Ausstellung findet in Hannover statt.) — 2. Ich habe nur den Wunsch. (Meine Kinder werden bald ihre Berufsausbildung abgeschlossen haben.) — 3. Er hat nie die Absicht gehabt. (Er studiert Betriebswirtschaft.) — 4. Haben Sie die Möglichkeit? (Sie arbeiten als Fahrer in einer Fabrik.) — 5. Die Aussichten sind sehr schlecht. (Man bekommt keine billigen Lebensmittel.) — 6. Haben Sie Interesse? (Sie machen eine Rundfahrt durch die Weinbaugegenden Europas.) — 7. Er macht sich Sorgen. (Seine Kunden bezahlen nicht mehr regelmäßig.)

Der Ausdruck der Zeit

durch:

ein **Adverb:** Die Lieferung wird *heute* zugestellt. – Wir haben *lange* auf die Verkäuferin gewartet.

ein **Nomen im Akkusativ** (für einen Zeitraum oder für sich wiederholende Zeitpunkte):

Herr Wirth war *einen Monat* im Ausland. – Die meisten Firmen sind *jeden Sonnabend* geschlossen.

ein **Nomen im Genitiv** (für einen nicht genau bestimmten Zeitpunkt):

Eines Tages wird auch der Lehrling selbständig und unabhängig sein. – *Eines Abends* kam die Verkäuferin sehr spät nach Haus.

ein **Nomen mit Präpositionen:**

Im Juli beginnen die Betriebsferien. – *Um 9 Uhr* beginnt das Büro. – *Bei unserer Ankunft* hatten wir viel zu tun.

einen **Nebensatz** (Gliedsatz oder Attributsatz):

Als ich in Italien war, fühlte ich mich sehr wohl. – *Immer wenn wir Urlaub haben,* fahren wir für eine Woche ins Hochgebirge. – *Nachdem er bezahlt hatte,* verließ er die Gaststätte.

Die Angabe des Maßes

Dieser Stoff ist *einen Meter breit.* – Die Ladeneinrichtung ist *diesen Preis* nicht wert. – Diese Regale sind *einen Meter* lang.

Maßangaben des Raumes, des Gewichts und des Wertes stehen im *Akkusativ,* wenn sie Adjektive ergänzen wie alt, breit, dick, groß, hoch, lang, schwer, tief, weit, wert und andere.

Übung 5: *Setzen Sie die Zeit- und Maßangaben richtig ein!*

1. Der junge Mann muß zur Arbeit gehen. (jeder Tag) – 2. Warten Sie, bitte! (ein Augenblick) – 3. Ich lerne schon Deutsch. (ein Monat) – 4. Das Fenster ist hoch. (ein Meter neunzig) – 5. Wie groß sind Sie? – 6. Die Tür ist breit. (ein Meter) – 7. Dieses Buch ist wert. (kein Pfennig) – 8. Die Verkäuferin arbeitet nur vormittags. (jeder zweite Tag) – 9. Der Prokurist muß kommen. (jeder Augenblick) – 10. Der Kaufmann fährt nach Düsseldorf. (jeder Monat) – 11. Der Kuchen ist alt. (ein Tag) – 12. Gestern habe ich in der Firma gearbeitet. (ein halber Tag) – 13. Sie müssen die Außenstände kontrollieren! (jeder zehnte Tag)

Übung 6: *Bilden Sie das Passiv!*

1. Er bietet immer nur Waren von bester Qualität an. – 2. Die Verkäuferinnen in diesem Laden bedienen die Kundschaft immer sehr

höflich und schnell. – 3. In der Nähe dieses Ladens bauten die Versicherungsgesellschaften große Bürohäuser. – 4. Die Angestellten kaufen sich alle zur selben Zeit ihr Essen ein. – 5. Herr Engelmann wird einen großen Umbau in seinem Geschäft durchführen. – 6. Der Inhaber des Nachbargeschäftes gibt in drei Monaten seinen Laden auf. – 7. Die beiden Geschäftsleute treffen eine Vereinbarung. – 8. Die Vereinbarung ermöglicht den Ladenbau. – 9. Zehn Jahre lang kauft er sämtliche Waren bei dem Großhändler ein. – 10. Der Kaufmann zahlt innerhalb von sieben Jahren den Darlehensbetrag zurück. – 11. Der alte Kaufmann nimmt einen jüngeren Partner in die Firma auf. – 12. Der junge Verwandte betreibt eine Gemischtwarenhandlung. – 13. Er bringt eine Einlage in die Firma ein. – 14. Der bisherige Firmeninhaber ändert seinen Firmennamen. – 15. Der neue Teilhaber haftet für alle Verpflichtungen.

Bürohaus	– Versicherungsgesellschaft
Kundenkreis	– Kundschaft
Erfahrung	– Kapital
Besprechung	– Vereinbarung
den Laden vergrößern	– den Laden aufgeben
Geschäftszweck	– gewerbliche Räume
mieten	– vermieten
Umbau	– Ausbau
Selbstbedienung	– Neueinrichtung
Darlehen	– Laufzeit
Kreditbetrag	– Verzinsung – Jahresraten
Teilhaber	– Partner
Lebensmitteleinzelhandelsgeschäft	– Gemischtwarengeschäft
Einzelfirma	– Kommanditgesellschaft
Kommanditist	– Komplementär
unbeschränkt haften	– beschränkt haften
räumliche Veränderungen	– personelle Veränderungen
Firma	– Handelsregister

DREIZEHNTER ABSCHNITT

Ladenumbau

Nachdem Herr Engelmann mit dem Hauseigentümer einen langfristigen Mietvertrag abgeschlossen hat, beginnt er mit den Vorbereitungen zum Ladenbau. Er muß sich vor allem die Handwerker sichern, damit diese nach dem Auszug des alten Mieters mit den Arbeiten fristgerecht beginnen können.

Mit der Ausführung der Inneneinrichtung will er eine Fachfirma beauftragen, weil er keine Erfahrung mit Selbstbedienungsläden hat. Er weiß genau, daß alles, was nicht geschickt verändert wird, die bisherigen Kunden enttäuschen könnte. Nach einer eingehenden Rücksprache schickt ihm Herr Wirth Werbefachleute von Markenartikelfirmen, mit denen er in Verbindung steht. Sie machen nicht nur die Pläne für die Straßenfront mit den Schaufenstern, sondern auch für den Innenausbau des Geschäfts. Sie haben Erfahrungen, wie man Waren so aufstellen und beleuchten kann, daß die Kauflust der Verbraucher angeregt wird. Je besser die Werbung ist, zu der außer der Werbedekoration noch vieles andere gehört, desto leichter wird es, den Umsatz eines Geschäfts zu steigern. Denn der Wettbewerb ist auch im Lebensmitteleinzelhandel sehr hart. In einer Nachbarstraße ist ein großer Supermarkt, der den Hausfrauen viele Artikel zu äußerst niedrigen Preisen anbietet, vor allem Konserven aller Art. Drei Straßen weiter ist ein Kaufhaus, das zwar nicht wie der Supermarkt auf Lebensmittel spezialisiert ist, aber dennoch auch eine gut geführte Lebensmittelabteilung hat.

Wer heute noch gut verdienen will, muß gegen die Konkurrenz großer und kleiner Geschäfte gerüstet sein. Herrn Wirths Rat war Herrn Engelmann sehr wertvoll. Vieles wird ihm durch eine gut überlegte Werbung gelingen. Andererseits werden die beiden Gesellschafter durch ständige Umsatzkontrolle und durch viele Verkaufsgespräche mit Kunden die möglichen Veränderungen in der Nachfrage beobachten. Sie haben herauszufinden, ob diese Marktveränderungen von den Preisen, der Qualität, der Aufmachung der Ware oder von anderen Gründen herrühren. Auch in diesen Fragen werden sie von den Markenartikelherstellern beraten, die ihre Fachleute für Marktforschung zu ihren Kunden schicken.

Viele Sorgen, Überlegungen, Besprechungen werden diese Zeit ausfüllen, bis alles richtig vorbereitet ist und die in Auftrag gegebenen Arbeiten ausgeführt sind. Für die letzten Wochen bis zur Neueröffnung wird die Firma die üblichen Betriebsferien ausnützen, weil in dieser Zeit die Kunden nicht zur Konkurrenz abwandern werden.

Beantworten Sie folgende Fragen mit ganzen Sätzen!

1. Mit wem schließt Herr Engelmann den Mietvertrag ab?
2. Was bedeutet ein „kurzfristiger Mietvertrag"?
3. Warum muß dieser Mietvertrag langfristig sein?
4. Womit beginnt der Ladenumbau?
5. Was muß bei der Inneneinrichtung gut überlegt werden?
6. Welche Ratschläge geben die Werbefachleute?
7. Wie wird man die Kauflust der Kunden anregen?
8. Was soll das Ergebnis der Werbung sein?
9. Was ist ein Supermarkt?
10. Was ist ein Kaufhaus?
11. Wie kann man die Veränderungen in der Kauflust der Kunden erfahren?
12. Welche Dienste leisten die Fachleute für Marktforschung?
13. Weshalb wird der Abschluß der Arbeiten in die Betriebsferien gelegt?

Das Relativpronomen „wer" und „was"

Wer Kaufmann werden will, muß als Lehrling in einem Geschäft arbeiten. — *Was* der Werbefachmann über die Ladeneinrichtung gesagt hat, interessiert mich sehr.

wer (bei Personen)   wenn der Relativsatz von einer Person oder einer
was (bei Sachen)   Sache abhängt, die nicht genannt wird.

Wer die Kaufmannsgehilfenprüfung bestanden hat, *der* kann sich beruflich weiter ausbilden – *Was* der Vertreter mir angeboten hat, *das* war mir zu teuer.

Der Relativsatz kann vor dem Demonstrativpronomen *der, das, die* stehen.

Übung 1: *Ergänzen Sie die fehlenden Relativpronomen!*

1. ... gewerbliche Räume mieten will, muß mit einer hohen Miete rechnen. — 2. ... einen Laden neu einrichten will, wird einen Fachmann um Rat fragen. — 3. ... ein neues Geschäft beginnt, muß auch mit Verlusten rechnen. — 4. ... die Kunden sehen, kaufen sie meistens. — 5. ... ein Kaufhaus an verschiedenen Waren führt, ist oft nicht zu übersehen. — 6. ... viel Werbung betreibt, vergrößert seinen

Umsatz. — 7. ... keine Erfahrung im Lebensmittelhandel hat, darf keinen Laden betreiben. — 8. ... viel Konkurrenz hat, muß seine Preise senken. — 9. ... die Marktveränderungen nicht kennt, kann große Verluste erleiden. — 10. ... ein Geschäft in guter Lage hat, wird große Umsätze erzielen.

> Ich weiß *etwas, was* ihm in seinem Geschäft helfen könnte. — Sagen Sie mir *alles, was* Sie über diese Ware wissen! — Er bot mir *nichts* an, *was* man kaufen könnte.

Das Relativpronomen „*was*" verbindet auch Attributsätze mit unbestimmten Pronomen.

Übung 2: *Bilden Sie Relativsätze!*

1. Hast du ihm alles erklärt? (Er will es wissen.) — 2. Haben Sie sich alles überlegt? (Sie wollen es in Auftrag geben.) — 3. Wir haben noch nichts. (Wir brauchen es für die neue Einrichtung.) — 4. Der Werbefachmann hat mir vieles gesagt. (Ich kann es nicht verstehen.) — 5. Ich sagte ihm etwas. (Es kann seinen Umsatz vergrößern.)

haben ... zu + Infinitiv; sein ... zu + Infinitiv

> Für die Weihnachtsverkäufe *haben* wir viel *vorzubereiten*. — Der Prokurist *ist* nicht *zu sprechen*.

haben ... *zu* + *Infinitiv* drückt aus, daß die Handlung notwendig oder möglich ist. Das *Subjekt* nennt den Täter der Handlung und ist demnach **aktiv**.
sein ... **zu** + **Infinitiv** steht im gleichen Sinn, doch wird hier der Täter der Handlung nicht genannt. Das *Subjekt ist passiv*.
Vergleichen Sie:

> Die Angestellten *haben* viel *zu arbeiten*. — Die Angestellten *müssen* viel *arbeiten*. — Dieses Lehrbuch *ist* leicht *zu lesen*. — Dieses Lehrbuch *kann* leicht *gelesen werden*.

Übung 3: *Bilden Sie Infinitivsätze mit „haben" oder „sein"!*

1. Dieser Lieferer kann empfohlen werden. — 2. Man konnte dem Verkaufserfolg dieser Ware nicht glauben. — 3. Wir müssen für die Neueröffnung unseres Geschäftes viel arbeiten. — 4. Die Verkäufer müssen die Kunden bedienen, wenn diese etwas wünschen. — 5. Dieses Waschmittel muß erst noch erprobt werden. — 6. Sie müssen diese wichtige Bestellung sofort erledigen. — 7. Er muß für den Firmeninhaber eine Umsatzkontrolle machen. — 8. Die Kauflust der Kunden kann am Umsatz erkannt werden. — 9. Der Kaufmann muß in seiner Lehrzeit viel lernen. — 10. An diesem gesetzlichen Feiertag müssen alle Geschäfte geschlossen bleiben. — 11. Der Geschäftsinhaber muß die Kaufgewohn-

heiten der Kunden ständig beobachten. — 12. Alle neuen Betriebe müssen beim Städtischen Gewerbeamt gemeldet werden. — 13. Die neuen Verkäuferinnen müssen sich über die Waren informieren.

Das Genitivattribut (Zusammenfassung)

der Inhaber *der Firma* – die Einrichtung *des Ladens* – die Beobachtung *der Kaufgewohnheiten* – die Lage *des Lebensmittelladens* – die Geschäfts-stunden *der Versicherungsgesellschaft*

Das Genitivattribut steht *gewöhnlich hinter dem übergeordneten Nomen.*

a) die Hauptstadt Deutschlands – die Wirtschaftsgeschichte Frank-reichs – die Sozialversicherung Englands
b) Deutschlands Hauptstadt – Frankreichs Wirtschaftsgeschichte – Eng-lands Sozialversicherung

Bei Personen, Länder- und Städtenamen:

a) das übergeordnete Nomen behält seinen Artikel, das Genitivattribut steht *hinter* dem übergeordneten Nomen,
b) das übergeordnete Nomen verliert seinen Artikel, das Genitivattribut steht *vor* dem übergeordneten Nomen.

Bei eigenen Familienangehörigen sagt man:

Vaters Schreibtisch – Onkel Richards Regenschirm – Mutters Regen-mantel
bei fremden Familienangehörigen
der Schreibtisch seines Vaters – der Regenschirm seines Onkels – der Regenmantel seiner Mutter
Düsseldorfs Bürohäuser – Deutschlands Fabriken – Bayerns Alpen-seen – Rothenburgs historische Bauten

statt des Genitivattributs kann man auch ein *Präpositional-Attribut mit „von"* gebrauchen:

die Bürohäuser von Düsseldorf – die Fabriken von Deutschland — die Alpenseen von Bayern – die historischen Bauten von Rothenburg

Wenn man die Genitivform nicht erkennen kann, muß man immer das Prä-positional-Attribut gebrauchen. Vergleichen Sie:

die Arbeit eines Handwerkers – die Arbeiten von Handwerkern
der Lebensweg eines bekannten Kaufmanns – der Lebensweg bekann-ter Kaufleute

Übung 4: *Setzen Sie die kursiv gedruckten Wörter in den Plural!*

1. der Umbau *eines Selbstbedienungsgeschäfts*, der Preis *eines Warenartikels*, die Arbeit *eines Jahres*, die Ursache *eines Geschäftsverlustes*, die Durch-führung *eines Ladenbaus* — 2. Die Werbung *eines kleinen Geschäftes* kann nicht so gut sein wie die Werbung *eines Supermarktes*. — 3. Man soll sich nicht immer auf die Ratschläge *eines Geschäftsfreundes* verlassen. — 4. Die Einrichtung *eines Selbstbedienungsladens* ist sehr schwierig. —

5. Die Herstellung *einer Obstkonserve* ist oft ganz einfach. — 6. Die Beförderung *einer Fracht* geschieht meistens gegen Entgelt. — 7. Der Abschluß *einer Versicherung* kann sehr nützlich sein. — 8. Die Erteilung *eines Zahlungsauftrages* ist nur möglich, wenn ein Guthaben auf dem Konto ist.

•

Wessen Auto steht vor der Lagertür? — Das ist *Peters neuer* Sportwagen. Von *wessen großem* Gewinn habt ihr gesprochen? — Wir haben von *Herrn Wirths großem Gewinn* gesprochen.

Die Adjektive, die bei den Nomen mit Genitivattributen stehen, *folgen der Artikeldeklination der Adjektive*, wenn die Genitivattribute *vor* dem Nomen stehen.

Übung 5: *Setzen Sie die Attribute zu den kursiv gedruckten Nomen!*

1. Das ist Herrn Engelmanns *Selbstbedienungsladen* (neu). — 2. Das ist Frau Beckers *Schreibmaschine* (modern). — 3. Das ist des Buchhalters *Unterschrift* (deutlich). — 4. Ich gehe heute zu *Herrn Wirth*. (Die große Wohnung von Herrn Wirth liegt in der Hauptstraße.) — 5. In der Zeitung steht ein Artikel über *unser Bürohaus*. (Ich habe Ihnen von der modernen Einrichtung dieses Bürohauses erzählt.) — 6. Mein Vater will nach *Bayern* fahren. (An den bekannten Alpenseen von Bayern kann man sich gut erholen.) — 7. Wie heißt der *Werbefachmann?* (Unser Geschäftsfreund hat uns von seinen Erfolgen viel erzählt.)

Wortbildung

1. Verb	Nomen	Nomen
a) öffnen	b) *das Öffnen*	c) *die* Öffnung, *-en*
beschäftigen	*das* Beschäftigen	*die* Beschäftigung, *-en*
aufbewahren	*das* Aufbewahren	*die* Aufbewahrung, *-en*
befördern	*das* Befördern	*die* Beförderung, *-en*
verpacken	*das* Verpacken	*die* Verpackung, *-en*

b) Aus der Infinitivform der meisten Verben kann man ein Nomen bilden. Diese Nomen sind immer neutral und haben nur Singular.

c) Dasselbe Verb kann sehr oft ein Nomen mit der Endung **-ung** bilden, diese Nomen sind feminin (Singular und Plural) mit der Pluralendung **-en.**

2. Verb	Nomen	Nomen
a) aufschließen	b) das Aufschließen	c) –
schweigen	das Schweigen	–
vorlegen	das Vorlegen	die Vorlage
wünschen	das Wünschen	der Wunsch
aufnehmen	das Aufnehmen	die Aufnahme

Manche Verben bilden nur Nomen aus ihrer Infinitivform. Andere bilden außer der Infinitivform eigene Nomen.

3. Adjektiv   Nomen

a) höf*lich*	b) die Höflich*keit*
fäll*ig*	die Fällig*keit*
unbrauch*bar*	die Unbrauchbar*keit*
gemein*sam*	die Gemeinsam*keit*
dunkel	die Dunkel*heit*
unzufrieden	die Unzufrieden*heit*
einzeln	die Einzel*heit*
krank	die Krank*heit*

Die Nachsilbe **-keit** oder **-heit** bildet feminine Nomen aus Adjektiven. **-keit** steht immer nach der Adjektivendung **-lich, -ig, -bar, -sam**.

4. Adjektiv   Nomen

nah	die Nähe
leer	die Leere
warm	die Wärme
kalt	die Kälte
lieben	die Liebe

Die Endung **-e** bildet feminine Nomen aus Adjektiven und Verben. Die Nomen bezeichnen abstrakte Begriffe. Die Stammvokale der Adjektive bilden, wenn möglich, den Umlaut.

Übung 6: *Bilden Sie aus den folgenden Adjektiven Nomen!*
Bilden Sie einen Satz mit jedem Nomen!

1. ausschließlich, berufstätig, empfindlich — 2. einfach, bestimmt —
3. genau, fein, gesamt, freundlich — 4. regelmäßig, selbstverständlich, eigenartig — 5. selbständig, schön, möglich

Übung 7: *Bilden Sie aus den folgenden Adjektiven und Verben Nomen!*
Bilden Sie mit diesen Nomen Sätze!

1. hoch, tief, weit — 2. sorgen, bitten, helfen — 3. groß, lang, breit, gut — 4. fragen, reisen, ruhen — 5. hart, fremd, kurz, früh

Übung 8: *Bilden Sie aus folgenden Nomen wieder die Verben zurück!*
Bilden Sie mit diesen Nomen Sätze!

1. Herstellung, Leistung, Empfehlung, Ausbildung — 2. Entschuldigung, Gründung, Erledigung, Anweisung — 3. Mahnung, Mitteilung, Eintragung, Genehmigung — 4. Zustellung, Beanstandung, Überprüfung

Inneneinrichtung	— Fachfirma
Werbefachmann	— Markenartikel
Kauflust	— Werbung
Umsatz	— Wettbewerb
Supermarkt	— Kaufhaus
Wettbewerb	— Konkurrenz
Teilhaber	— Gesellschafter
Marktveränderung	— Marktforschung

VIERZEHNTER ABSCHNITT

Der Großhändler berechnet seinen Verkaufspreis

Eine Sendung von 500 kg „Emmentaler Käse" ist heute mit der Bundesbahn aus der Schweiz für die Firma Wirth eingetroffen. Die Güterabfertigung am Hauptbahnhof hat bei der Firma angerufen und die Ankunft dieser Sendung mitgeteilt. Gleichzeitig ist auch die Rechnung des Schweizer Exporteurs eingetroffen.

Herr Wirth übergibt diese Rechnung mit dem Verzollungsauftrag seinem Spediteur, der Firma Rucker, und bittet um schnelle Erledigung. Noch am selben Tag wird von der Spedition die verzollte Ware der Firma Wirth ins Haus zugestellt.

Jetzt muß Herr Schmidt den Verkaufspreis für diesen Käse berechnen; er geht von einem *Geschäftskostensatz* von 15% aus. Diese 15% errechnen sich aus einem Jahresumsatz von rund 1 000 000 DM und den *Geschäftskosten* von jährlich rund 150 000 DM, die von der Firma Wirth für die Miete, für das Personal (samt Beiträgen zur Sozialversicherung), für die Geschäftseinrichtung und für Werbung ausgegeben werden. Diese 15% werden auf den Einkaufspreis aufgeschlagen.

Die Grundlage der Berechnung des Einkaufspreises ist die *Rechnung* des Lieferers. Zu dieser Exporteurfaktura werden die Fracht (von der Grenze bis München-Hauptbahnhof), die Versicherungsspesen, die Zollgebühr und die Mehrwertsteuer, die Vergütung des Spediteurs für die Abfertigung und Zustellung — alle in einem Posten als *Bezugskosten* dazugerechnet. Daraus ergibt sich der *Einkaufspreis*.

Das sieht folgendermaßen aus:

1. Rechnungspreis für 500 kg Emmentaler Käse zu
   7,– DM/kg   3500,— DM

2. Bezugskosten (einschließlich Zoll und Mehrwertsteuer)   930,— DM

Einkaufspreis für 500 kg	4430,— DM

Einkaufspreis für 1kg	8.86 DM
15% Geschäftskostenzuschlag	1,33 DM

Selbstkostenpreis je kg	10,19 DM

Der *Selbstkostenpreis* von 10,19 DM/kg wird auf 10,20 DM aufgerundet. Bei diesem Preis hat die Großhandlung noch nichts verdient. Sie hat damit nur die eigenen Ausgaben für den Warenwert, für den Bezug und für den Betrieb des Großhandels berechnet.

Der nächste Zuschlag in der Preisberechnung ist der *Gewinnzuschlag*, der in Prozenten des Selbstkostenpreises ausgedrückt wird, z. B. bei 20% Gewinnzuschlag:

Selbstkostenpreis	10,20 DM
20% Gewinnzuschlag	2,04 DM
Nettoverkaufspreis je kg	12,24 DM

Aus dem Selbstkostenpreis und dem Gewinnzuschlag ergibt sich der *Nettoverkaufspreis*.

Dazu wird als letztes die Mehrwertsteuer addiert, was den *Bruttoverkaufspreis* ergibt. Diese Mehrwertsteuer ist 11% des Differenzbetrages zwischen dem Einkaufs- und dem Verkaufspreis des Großhändlers:

Nettoverkaufspreis	12,24 DM
Einkaufspreis	8,86 DM
Differenzbetrag	3,38 DM
davon	
11% Mehrwertsteuer	0,37 DM
Nettoverkaufspreis	12,24 DM
Mehrwertsteuer	0,37 DM
Bruttoverkaufspreis je kg	12,61 DM
abgerundet	12,60 DM

Nach nochmaliger Überprüfung dieser Preiskalkulation kann die Firma Wirth ihren Kunden den Emmentaler Käse zum Kilopreis von 12,60 DM anbieten.

Beantworten Sie folgende Fragen in ganzen Sätzen:

1. Aus welchen Posten setzt sich der Bruttoverkaufspreis zusammen?
2. Woraus werden die Geschäftskosten berechnet?
3. Was ist der Geschäftskostensatz?
4. Welche Bezugskosten entstehen beim Einkauf der Ware?
5. Wieviel beträgt der Verdienst des Kaufmanns beim Selbstkostenpreis?
6. Wozu dient der Gewinnzuschlag?
7. Wer verdient beim Verkauf mit?
8. Wem muß der Kaufmann die Mehrwertsteuer abführen?
9. Wonach wird die Mehrwertsteuer berechnet?
10. In welchen Ländern gibt es auch Mehrwertsteuer?

Gliedsätze ohne Konjunktion „wenn"

Wollen Sie diese Ware noch heute anbieten, müssen Sie die Preiskalkulation sofort durchführen.
Ist der Geschäftsführer jetzt nicht im Lager, dann kommen Sie bitte in einer halben Stunde ins Büro.
Kannst du den Preis für diese Ware nicht berechnen, so mußt du den Buchhalter um Rat fragen.

Bedingungssätze, die mit der Konjunktion *wenn* eingeleitet werden und am Anfang stehen, können auch ohne Konjunktion stehen. Der Gliedsatz beginnt dann mit der Personalform und wird meist mit *„dann"* oder *„so"* zusammengefaßt.

Übung 1: *Bilden Sie Bedingungssätze ohne „wenn"!*

1. Wenn Sie den Zoll nicht bezahlen, können Sie die Ware nicht mitnehmen. – 2. Wenn Sie dieses Paket als Luftfracht aufgeben, bezahlen Sie weniger als für Passagiergepäck. – 3. Wenn der Buchhalter Zeit hat, lassen Sie sich die Berechnung des Geschäftskostensatzes erklären. – 4. Wenn du bei dieser Firma arbeiten willst, mußt du ausgezeichnete Dienstzeugnisse haben. – 5. Wenn der Kaufmann keine Verluste erleiden will, muß er ständig seine Außenstände und seinen Umsatz kontrollieren. – 6. Wenn Sie sich im Außenhandel auskennen wollen, müssen Sie in Seehäfen und im Ausland arbeiten. – 7. Wenn Sie Ihre Transporte nicht versichern lassen, können Sie großen Schaden erleiden. – 8. Wenn die Sozialversicherung nicht wäre, gäbe es großes Elend unter den Arbeitnehmern. – 9. Wenn Sie Ihren Verpflichtungen immer rechtzeitig nachkommen, können Sie Kredit von der Bank bekommen. – 10. Wenn Sie die Werbung nicht im voraus planen, können Sie Ihre Warenbestände nur schwer absetzen.

Die Konjunktion „je ... desto"

Je mehr Geschäfte in der Stadt sind, *desto* größer wird der Wettbewerb.
Je mehr Einkommen die Arbeitnehmer haben, *desto* größer ist der Umsatz in den Einzelhandelsgeschäften.

Die zweiteilige Konjunktion *je ... desto (um so)* drückt aus, daß sich das Geschehen nach „desto (um so)" im gleichen Maße verhält wie das Geschehen im Gliedsatz mit der Konjunktion „je". Der Komparativ steht hinter den Konjunktionen.

Übung 2: *Bilden Sie Vergleichssätze mit „je ... desto (um so)"!*

1. Er wartete lange auf die Bedienung. Er wurde ungeduldig. — 2. Er verdiente viel. Er war unzufrieden. — 3. Die Industrie erzeugt viele Güter. Die Verbraucher können viele Waren kaufen. — 4. Die Verpackung der Waren ist schön. Die Kunden kaufen sie gern. — 5. Der Importeur spricht viele Sprachen. Er kann sich leicht mit seinen Geschäftsfreunden unterhalten. — 6. Die Arbeitszeit dauert lange. Die Angestellten werden müde. — 7. Sie verkaufen viel. Sie müssen viel einkaufen.

Präpositionen

auf ... zu: gibt die *Richtung* an:
Der Verkäufer ging *auf* den Kunden *zu.*

von ... aus: bezeichnet den Ausgangspunkt:
Von der Rechnung des Lieferers *aus* kann man mit der Preiskalkulation beginnen.

von ... an (ab): bezeichnet den *Beginn:*
Von heute *an* lerne ich Chinesisch.
Von jetzt *ab* werde ich regelmäßig den täglichen Umsatz kontrollieren.

bis steht mit einer anderen Präposition zusammen und bezeichnet die *lokale* oder *temporale* Grenze:
Gehen Sie *bis zum* Hauptplatz und dann links um die Ecke:
Ich fahre *bis nach* Hannover.
Herr Wirth war *bis um* 22 Uhr in seinem Geschäft.
Hier wird *bis auf* die letzte Minute verkauft.

bis auf bezeichnet auch die *Ausnahme:*
Alle Angestellten *bis auf* einen sind pünktlich.
Ich kenne alle Kunden *bis auf* einen.

Wortbildung

Die Nachsilbe **-ig** bildet aus vielen Wörtern *Adjektive.*

Nomen, die auf **-e** enden, verlieren diese Endung:

Durst – durst*ig*; Freude – freud*ig*; bisher – bisher*ig*;
heute – heut*ig*; einmal – einmal*ig*

Ebenso die Nachsilbe **-lich:**

Freund – freund*lich;*   Schrift – schrift*lich*
kurz – kürz*lich;*   Woche – wöch*ent*lich

Übung 3: *Bilden Sie Adjektive mit der Nachsilbe -ig und dazu einen Beispielsatz!*

1. Salz, Kraft — 2. Sonne, Ruhe, Fleiß — 3. Geduld, Zufall, Maß — 4. Saft, Eile, Vorsicht — 5. Gegenwart, Zukunft, Nachteil

Übung 4: *Bilden Sie Adjektive mit der Nachsilbe -lich und dazu einen Beispielsatz!*

1. Glück, Stunde, Jahr, Tag, Monat — 2. Schrift, Vertrag, Mund, Amt, Behörde — 3. Unterschied, Preis, Geschäft, Beruf — 4. Absicht, Wissenschaft, Woche, Staat — 5. Schaden, Nutzen, Gefahr

Er hat eine *dreijährige* Lehrzeit. – Wir machen *monatliche* Kontrollen.
Adjektive, die eine Zeit angeben, bezeichnen mit der Nachsilbe *-lich* die zeitliche Wiederkehr, mit der Nachsilbe *-ig* einen Zeitraum!
Merken Sie! Woche – (ein)wöch*ig*, wöch*ent*lich!

Übung 5: *Bilden Sie die richtige Adjektivform!*

1. Die Weinverkäufer machen eine vierzehntäg... Rundreise. — 2. Diese Fachzeitschrift erscheint vierteljähr... — 3. In die Umgebung wird nur einmal wöch... zugestellt. — 4. Die Außenstände werden monat... kontrolliert. — 5. Diese junge Angestellte hat nur eine sechsmonat... Ausbildung. — 6. Der Sohn des Inhabers ist von einem zweijähr... Auslandsaufenthalt zurückgekehrt. — 7. Dieser Laden ist täg... außer sonnt... geöffnet.

Übung 6: *Bilden Sie mit folgenden Verben Entscheidungs- und Ergänzungsfragen!*

1. eine Frage stellen, eine Antwort geben, einen Auftrag durchführen, Sorgen haben, den Urlaub verbringen — 2. um eine Auskunft bitten, eine Prüfung bestehen, sich Sorgen machen, Schwierigkeiten machen, Freude bereiten — 3. Schwierigkeiten haben, Verluste erleiden, Gewinn erzielen, einen Rat geben — sich erkundigen, sich entscheiden, sich beschäftigen.

98

Übung 7: *Beantworten Sie folgende Fragen!*

1. Welche Betriebsformen haben Sie bisher im Handelsgewerbe kennengelernt? — 2. Was ist der Unterschied zwischen Großhandel und Einzelhandel? — 3. Was verstehen Sie unter Umsatz? — 4. Muß der Großhandel oder der Einzelhandel mehr Werbung betreiben? — 5. Was ist der Vorteil der Selbstbedienungsgeschäfte? — 6. Was macht man im Selbstbedienungsladen, wenn man die gesuchte Ware nicht findet? — 7. Wie bezahlt man im Selbstbedienungsgeschäft? — 8. Welche Waren kann man nicht mit Selbstbedienung kaufen?

Berechnung	— Kalkulation
berechnen	— kalkulieren
Abfertigung — Güter	— Zoll
Zoll — Zollgebühr	— Zollamt
Verzollung — verzollen	— Zoll bezahlen
Geschäftskosten	— Geschäftskostensatz
Tagesumsatz	— Jahresumsatz
beziehen	— Bezug
Einkaufspreis	— Selbstkostenpreis
aufrunden	— abrunden
etwas verdienen	— Gewinn erzielen
Gewinnzuschlag	— Nettoverkaufspreis
Mehrwertsteuer	— Bruttoverkaufspreis

FÜNFZEHNTER ABSCHNITT

Eine Geschäftsreise

Diese Woche fährt Herr Wirth, wie jedes Jahr, zur Hannover-Messe, die immer im Frühjahr stattfindet. Diese Messe ist das Schaufenster der deutschen Industrie und wird von sehr vielen deutschen und ausländischen Großfirmen beschickt. Sie ist als industrielle und technische

Zurschaustellung die größte ihrer Art, sowohl in Europa als auch auf der ganzen Welt. Die Hannover-Messe wurde nach dem Krieg ins Leben gerufen, weil durch die Zweiteilung Deutschlands das bisherige Messezentrum Leipzig der Wirtschaft der Bundesrepublik nicht mehr zur Verfügung stand.

Herr Wirth hat als Lebensmittelgroßhändler kein unmittelbares geschäftliches Interesse an dieser Messe. Ihn interessieren jedoch die neuen Büromaschinen. Dieses Mal fesselt ihn besonders die automatische Buchungs- und Fakturiermaschine. Er kann damit mit seinem jetzigen Personal auch den immer größer werdenden Arbeitsanfall bewältigen. Neue Angestellte einzustellen ist sehr schwierig, weil gerade in der Wirtschaft an fachlich gut ausgebildeten Kräften großer Mangel herrscht.

Außerdem besucht Herr Wirth die Fachausstellungen für Lebensmittel, von denen die Pariser Lebensmittelausstellung die größte ihrer Art ist. Die Ausstellungen wenden sich mit ihrem Angebot auch an die Verbraucher, während die Messen hauptsächlich das Interesse der Fachleute erwecken wollen.

Während seiner Berufsausbildung in Hamburg war Herr Wirth oft auf der Kaffeebörse, um sich auch mit den Gepflogenheiten einer Warenbörse vertraut zu machen. Auf Warenbörsen werden die Kaufverträge über vertretbare Güter abgeschlossen, d. h. es sind bestimmte Muster oder Standards festgelegt, die dem Geschäft zugrunde liegen.

Manchmal besucht er auf der Durchreise auch die Frankfurter Wertpapierbörse, die ihn allerdings schon deshalb weniger interessiert, weil er deren Usancen, das sind die Regeln für den Geschäftsverkehr, nicht so gut kennt.

Auf der Heimreise von Hannover hat er im TEE-Zug (Trans-Europa-Expreß) Zeit, sich den Messekatalog anzusehen. Die meisten der dort eingetragenen Firmen sind Kapitalgesellschaften, was er daran erkennt, daß sie hinter dem Firmennamen die Abkürzung *AG* oder *GmbH* führen. AG bedeutet Aktiengesellschaft; das ist meistens eine Großfirma, an deren Spitze der *Vorstand* (eine oder mehrere Personen) steht, der vom Aufsichtsrat kontrolliert wird. Bei der GmbH (Gesellschaft mit beschränkter Haftung) ist das Firmenkapital meistens geringer. Die GmbH wird von einem oder mehreren *Geschäftsführern* geleitet, die von den Gesellschaftern unmittelbar kontrolliert werden können, während bei der AG die Gesellschafter (= Aktionäre) keine direkte Kontrolle ausüben, sondern diese dem schon erwähnten Aufsichtsrat übertragen.

100

Herr Wirth hat unter seinen Lieferern einige AGs und für Erzeugnisse der Landwirtschaft zwei Genossenschaften. Diese sind keine Kapitalgesellschaften, sondern der Zusammenschluß von mindestens sieben Personen zu einer Firma, deren Gewinn und Verlust auf die Personen und nicht auf den Kapitalanteil entfällt. Die genossenschaftliche Bewegung hat in Deutschland in den vergangenen hundert Jahren einen riesenhaften Aufschwung genommen. Sie ist die Grundlage der Wirtschaftseinheiten in sozialistischen Ländern, während im Westen die AG die häufigste juristische Form für große Unternehmen ist.

Beantworten Sie folgende Fragen in ganzen Sätzen!

1. Wann findet die Hannover-Messe alljährlich statt?
2. Wer beschickt diese Messe?
3. Was wird auf dieser Messe zur Schau gestellt?
4. Seit wann besteht die Einrichtung dieser Messe?
5. Weshalb wurde sie ins Leben gerufen?
6. Weshalb fährt Herr Wirth nach Hannover?
7. Von wem kauft er Büromaschinen?
8. Wann will er eine Buchungsmaschine kaufen?
9. An welchen Arbeitskräften besteht großer Mangel in der Bundesrepublik?
10. Welche Fachausstellungen kennen Sie?
11. Was ist der Unterschied zwischen einer Messe und einer Ausstellung?
12. Was ist eine Warenbörse?
13. Womit handelt die Wertpapierbörse?
14. Was sind Börsenusancen?
15. Wer leitet eine AG?
16. Welche Arbeit leistet der Geschäftsführer einer GmbH?
17. Wer kontrolliert den Vorstand?
18. Wer kontrolliert den Geschäftsführer?
19. Was ist eine Genossenschaft?
20. In welchen Teilen der Welt gibt es besonders viele Genossenschaften?
21. Wo finden wir die meisten Kapitalgesellschaften?

Der Ausdruck der Nicht-Wirklichkeit (Irrealität)

real	*irreal*
Herr Wirth geht nicht zur Ausstellung.	Ich *ginge* (an seiner Stelle) zur Ausstellung.
Herr Wirth geht zur Börse.	Ich *ginge* (an seiner Stelle) nicht zur Börse.
Der Großhändler hat eine Buchungsmaschine gekauft.	Ich *hätte* (an seiner Stelle) keine
Der Großhändler kaufte eine Buchungsmaschine.	Buchungsmaschine gekauft.
Der Prokurist ist vor der Messe nach Hannover gefahren.	Ich *wäre* (an seiner Stelle) vor der Messe nicht nach Hannover gefahren.
Der Prokurist fuhr vor der Messe nach Hannover.	

Wenn man von einem Geschehen spricht, das irreal ist (also nicht wirklich ist), gebraucht man den Konjunktiv II.

Wenn aber die Verbformen Präteritum und Konjunktiv II gleich sind (z. B. bei allen schwachen Verben und bei den starken Verben, die keinen Umlaut haben und in der 1. und 3. Person Plural stehen: wir gingen, sie gingen), gebraucht man den Konjunktiv II „werden" und den Infinitiv des Verbs: wir würden ... gehen.

Herr Schmidt macht jetzt die Kalkulation. Ich *würde* jetzt keine Kalkulation machen.

Übung 1: *Würden Sie folgende Handlungen auch tun? Hätten Sie folgende Handlungen auch getan?*

1. Der Sohn des Nachbarn studiert Betriebswirtschaft. — 2. Er telefoniert immer stundenlang. — 3. Sie war unhöflich zu den Kunden. — 4. Sie sind zur Lebensmittelausstellung nach Paris gefahren. — 5. Sie kontrolliert die Außenstände nicht regelmäßig. — 6. Dieser Kunde hat die Rechnung nicht rechtzeitig bezahlt. — 7. Der Großhändler kommt seinen Verpflichtungen pünktlich nach. — 8. Er ist Geschäftsführer dieser GmbH geworden. — 9. Ich bin sehr ungern im Vorstand dieser AG. — 10. Er kauft sehr oft bei dieser Genossenschaft ein. — 11. Er macht sich Sorgen wegen der Geschäftslage. — 12. Sie macht den Angestellten ständig Schwierigkeiten. — 13. Diesen Geschäftsfreund kann ich nicht um Rat fragen.

Wenn ich Zeit *hätte, führe* ich auch zur Hannover-Messe.

oder: *Hätte* ich Zeit, *führe* ich auch zur Hannover-Messe.
Wenn die Besprechung morgen nicht *stattfände, gingen* wir schon heute in Urlaub.

oder: *Fände* die Besprechung morgen nicht *statt, gingen* wir heute schon in Urlaub.
Wenn der säumige Kunde nicht so häufig seine Rechnung nicht *bezahlte, würde* er nicht so oft gemahnt werden *müssen.*

Beachten Sie! In Bedingungssätzen darf die Konstruktion mit „werden" im Konjunktiv II (würde) nicht gebraucht werden. Wenn man *eine* Konjunktivform in den beiden Sätzen deutlich erkennt, braucht man für das andere Verb keine Ersatzform.

Übung 2: *Bilden Sie Sätze nach folgendem Beispiel!*
Ich muß arbeiten. Ich gehe ins Büro. Wenn ich nicht arbeiten müßte, ginge ich nicht ins Büro.

1. Er kauft eine Buchungsmaschine. Er findet keine gut ausgebildeten Fachkräfte. — 2. Er war lange Jahre in Hamburg. Er besuchte sehr oft die Kaffeebörse. — 3. Die Börsen haben Standards. Man kann Kaufverträge abschließen. — 4. Diese große Aktiengesellschaft hat einen tüchtigen Vorstand an ihrer Spitze. Diese AG ist sehr aktiv im Geschäft. — 5. Herr Wirth mußte die Firma seines Vaters übernehmen. Er ging nicht mehr nach Südamerika. — 6. Wir finden die Anschrift dieser Firma nicht. Wir wollen ihr ein Angebot schicken. — 7. Er wollte diese eingeführten Waren nicht verzollen lassen. Er durfte sie nicht mitnehmen. — 8. Er konnte seinen Verpflichtungen nicht rechtzeitig nachkommen. Er hat keinen weiteren Kredit bekommen. — 9. Er hat seinen Kundenkreis zufriedengestellt. Er hat seinen Laden zu einem Selbstbedienungsgeschäft umgebaut. — 10. Das neue Bürohaus ist fertiggestellt. Es sind darin viele Büros untergebracht. — 11. Im Monat Dezember sind die Einzelhandelsgeschäfte jeden Sonnabend und Sonntag bis Weihnachten offen. Es können alle ihre Weihnachtsgeschenke einkaufen. — 12. Alle Berufstätigen verdienen sehr gut. Sie feiern und geben viel Geld zum Jahresende aus. — 13. Die ausländischen Waren sind von guter Qualität und recht billig. Der Importeur kauft diese Waren ständig. — 14. Die EWG bildet einen Gemeinsamen Markt. Die Waren der Mitgliedstaaten können frei die Grenzen überschreiten. — 15. Die Hannover-Messe wurde nach dem Krieg ins Leben gerufen. Leipzig gehört nicht zur Bundesrepublik.

Übung 3: *Bilden Sie Sätze, die irreale Geschehen beschreiben, und konjugieren Sie die Verben!*

Beispiel: ich gehe ins Büro   ich arbeite in der Firma

ich ginge ins Büro	ich würde in der Firma arbeiten
du gingest ins Büro	du würdest in der Firma arbeiten
er ginge ins Büro	er würde in der Firma arbeiten
wir gingen ins Büro	wir würden in der Firma arbeiten
ihr ginget ins Büro	ihr würdet in der Firma arbeiten
sie gingen ins Büro	sie würden in der Firma arbeiten

1. ich trinke ein Glas Wein — 2. ich schreibe die Rechnung — 3. ich verstehe die Umsatzkontrolle gut — 4. er hat sich schnell entschieden — 5. er rief das Zollamt an — 6. du gibst mir einen geschäftlichen Rat — 7. ich beantworte seine Fragen ganz gern — 8. ich bin mit meinem Geschäftserfolg zufrieden.

ohne ... zu, ohne daß

Während des Monats Dezember arbeitete er täglich 16 Stunden, *ohne* sich während der Feiertage *auszuruhen.* – Der Kaufmann erzählte seine geschäftlichen Sorgen, *ohne daß* ihn der Kunde danach gefragt hat.

Nach „ohne" wird eine Nebenhandlung beschrieben, die nicht eintritt oder eingetreten ist. Wenn das Subjekt in der Haupthandlung und in der Nebenhandlung das gleiche ist, gebraucht man *ohne ... zu.*

Hat die Nebenhandlung ein eigenes Subjekt, gebraucht man *ohne daß.*

Übung 4: *Verbinden Sie die Sätze! Verwenden Sie „ohne ... zu" oder „ohne daß"*

1. Der Angestellte verließ das Büro während der Geschäftszeit. (Er hat den Geschäftsführer nicht um Erlaubnis gebeten.) — 2. Der junge Kaufmann vergrößerte seine Geschäftsräumlichkeiten. (Er hatte nicht genügend eigenes Kapital.) — 3. Diese Waren dürfen eingeführt werden. (Der Kaufmann muß dafür keinen Zoll entrichten.) — 4. Der Kunde hat die nicht bestellten Waren zurückgeschickt. (Er hatte dem Lieferer nichts gesagt.) — 5. Er sprach über seinen unglaublichen geschäftlichen Erfolg. (Niemand hatte ihn danach gefragt.) — 6. Die Verkäuferin überreichte sofort die gewünschte Ware. (Sie überlegte nicht einen Moment.) — 7. Dieser Vertreter spricht oft über seine Schwierigkeiten.

(Niemand hört ihm richtig zu.) — 8. Er verließ diese Firma. (Er hatte uns vorher nichts davon gesagt.)

Übung 5: *Erzählen Sie, was Sie nicht täten, oder was wäre, wenn folgende Tatsachen anders wären.*

Beispiel: Ich habe nicht genügend Geld. Wenn ich genügend Geld hätte, führe ich ans Mittelmeer.

1. Ich fahre nach Sizilien. Dort gibt es herrliche Ferienorte. — 2. Ich kaufe oft in München ein. Dort gibt es viele Fachgeschäfte. — 3. In der Nähe der großen Bürohäuser gibt es viele Lebensmittelläden. Die Angestellten kaufen dort ein. — 4. Der Exportkaufmann muß Fremdsprachen können. Er kann mit seinen ausländischen Geschäftspartnern verhandeln. — 5. Ich lese jede Woche einige Fachzeitschriften. Ich weiß über die Marktlage Bescheid. — 6. Man kann seine Rechnung mit Verrechnungsschecks begleichen. Man braucht sehr viel Bargeld. — 7. Man kann in den Supermärkten sehr billig einkaufen. Die Leute gehen lieber in ein Fachgeschäft.

Übung 6: *Hätten Sie das Folgende getan?*

1. Der junge Angestellte hat zwei Wochen Urlaub gehabt und ist erst nach vier Wochen zurückgekommen. — 2. Der Einzelhändler hat ein sehr gutes Angebot erhalten und hat doch nichts bestellt. — 3. Die Sekretärin hat viel Arbeit gehabt und hat doch ganz langsam gearbeitet. — 4. Der Großhändler wollte ihr einen größeren Kredit geben, und sie nahm ihn doch nicht an.

Übung 7: *Zählen Sie die Güter auf, die in Ihrer Heimat für den Export hergestellt werden!*

Übung 8: *Beantworten Sie folgende Fragen in mehreren Sätzen!*

1. Wie kann man in Deutschland Kaufmann werden? — 2. Wie wird man in Ihrer Heimat Kaufmann? — 3. Welche Dienstleistungen sind in Ihrer Heimat besonders entwickelt? — 4. Welche Güter werden in Ihrer Heimat aus der Bundesrepublik eingeführt? — 5. Mit wieviel Zoll sind in Ihrer Heimat die Importgüter belastet? (in Prozenten) — 6. Welche Ausstellungen und Messen gibt es in Ihrer Heimat?

Messe	— Ausstellung
ausstellen	— beschicken
unmittelbares Interesse	— indirektes Interesse
Großhandel — Einzelhandel	— Fachhandel
Personal	— Arbeitsanfall
Fachkraft	— gut ausgebildete Fachkraft
Verbraucher	— Fachmann
Warenbörse	— Wertpapierbörse
Standards	— Usancen
AG	— GmbH
Gesellschafter	— Aktionäre
Vorstand — Aufsichtsrat	— Geschäftsführer
Genossenschaften	— genossenschaftliche Bewegung

SECHZEHNTER ABSCHNITT

Ein Wechselprotest

Bei seiner Rückkehr erwartet Herrn Wirth eine unangenehme Über-
raschung: Einer seiner Kunden hat in der Zwischenzeit einen Wechsel
im Betrag von 2500,— DM für gelieferte Waren nicht eingelöst. Dieser
Kunde hatte schon seit einigen Jahren in regelmäßigen Abständen
Waren für 2000,— bis 3000,— DM bezogen. Nach den ersten Lieferungen, für die er dreißig Tage Zahlungsziel hatte, das er auch genau ein-
hielt, hatte er die Firma Wirth gebeten, ihm einen längeren Lieferan-
tenkredit einzuräumen. Daraufhin gewährte ihm Herr Wirth ein Ziel
von drei Monaten gegen Akzept. Das heißt, daß Herr Wirth bei der
Lieferung — als Aussteller — eine Tratte auf seinen Kunden in der
Höhe des Rechnungsbetrages zog. Dieser Wechsel (= Tratte) wurde
jeweils vom Kunden — als Bezogener — angenommen (= Akzept) und
war drei Monate nach dem Rechnungsdatum fällig. Bisher wurden die
Wechsel (= Akzepte) immer am Fälligkeitstag eingelöst, bis auf den
letzten, der nun Herrn Wirth geschäftliche Sorgen bereitet. Herr

106

Schmidt hatte als Vertreter von Herrn Wirth in dessen Abwesenheit den Protest rechtzeitig erheben lassen und versucht, von dem säumigen Kunden zumindest eine Teilzahlung zu erhalten. Dies war jedoch nicht möglich, denn die Einzelhandelsfirma hatte ihre Zahlungen bereits eingestellt und beim Amtsgericht die Eröffnung des Konkursverfahrens beantragt. Einige Tage später ist die Konkurseröffnung in der Zeitung unter den amtlichen Bekanntmachungen zu lesen, wodurch die Gläubiger aufgefordert werden, ihre Forderungen anzumelden. Es wird eine geraume Zeit dauern, bis die Firma Wirth erfährt, wieviel von ihrer Forderung aus der Konkursmasse, d. h. aus dem vorhandenen Vermögen, befriedigt werden kann. Vorerst trägt die Firma Wirth den vollen Schaden. Herr Wirth hat nämlich mit seiner Bank ein Abkommen, um seine Kundenwechsel diskontieren zu lassen. Das bedeutet, daß die Bank die Akzepte, die von der Firma Wirth als Aussteller auf ihre Kunden gezogen wurden, sofort ankauft und dabei den Wechselbetrag abzüglich Wechselzinsen (= Diskont) dem Firmenkonto gutschreibt. So ein Diskontkredit kann natürlich nur einer Firma gewährt werden, deren Vermögen ausreicht, um protestierte Kundenwechsel sofort einzulösen.

Zum Glück kommen solche unangenehmen Vorfälle nicht häufig vor. Nach der ersten Aufregung sieht Herr Wirth mit Gelassenheit der Abwicklung des Konkursverfahrens entgegen, denn er weiß aus jahrzehntelanger Erfahrung, daß die Führung eines Geschäftes mit Risiken verbunden ist, aus denen Verluste entstehen können.

Beantworten Sie folgende Fragen in ganzen Sätzen:

1. Wie kommt ein Akzept zustande?
2. Wer ist der Aussteller eines Wechsels?
3. Wer ist der Bezogene?
4. Wie hoch ist der Wechselbetrag bei einer Warenlieferung?
5. Was geschieht, wenn das Akzept am Fälligkeitstag nicht eingelöst wird?
6. Wann muß der Konkurs beantragt werden?
7. Woraus werden Forderungen der Gläubiger befriedigt?
8. Was bedeutet diskontieren?
9. Was ist der Diskont?
10. Was sind die Nachteile eines Diskontkredites?

Der Vergleich mit einem irrealen Geschehen

Der Lehrling spricht über diese Sache *wie ein Fachmann.*

Der Lehrling spricht über die Sache, *als ob er ein Fachmann wäre* (... *als wäre er ein Fachmann*).

Er tat *wie jemand,* der seinen Verpflichtungen nachkommt.

Er tat, *als wenn* er seinen Verpflichtungen *nachkäme* (... *als käme er* seinen Verpflichtungen nach).

Wenn man ein Geschehen mit einem anderen Geschehen vergleicht, das nicht wirklich stattfindet (sondern nur in der Vorstellung existiert), gebraucht man die Konjunktion *als ob (als wenn)* mit dem Konjunktiv II (Nebensatzform) oder nur *als* mit anschließendem Prädikat.

Übung 1: *Bilden Sie Vergleichssätze mit „als ob" („als wenn" oder „als")*

1. Er benimmt sich wie der Geschäftsinhaber. – 2. Du siehst aus wie jemand, der sehr lange in Urlaub war. – 3. Der Kaufmann klagt wie einer, der sein ganzes Vermögen verloren hat. – 4. Er besucht die Börse wie jemand, der dort ständig zu tun hat. – 5. Der alte Geschäftsführer behandelt den jungen Angestellten wie einen Sohn. – 6. Die Verkäuferin arbeitet so ruhig, wie jemand, der keine Sorgen hat. – 7. Dieser Kunde sieht aus wie einer, der nicht bezahlen kann.

Der Ausdruck eines Wunsches

Käme doch jetzt die Lieferung! – *Brächte er doch* die Zigaretten *mit!*

Man wünscht, daß ein Geschehen oder ein Zustand in der Gegenwart oder Zukunft eintritt; aber man zweifelt daran, obwohl dieses Geschehen oder dieser Zustand wirklich eintreten könnte. *Zum Ausdruck dieses Wunsches gebraucht man den Konjunktiv II* und das Adverb *doch.* Der Satz steht in seiner Grundform.

Wenn doch jetzt die Lieferung *käme! – Wenn er doch* die Zigaretten *mitbrächte!*

Diese Wunschsätze kann auch die Konjunktion *wenn* einleiten. Dann tritt die Personalform ans Ende des Satzes.

Hätte er *doch* nur ein Wort von seinen geschäftlichen Sorgen *gesagt! – Wenn* er *doch* nur ein Wort von seinen geschäftlichen Sorgen *gesagt hätte! – Wäre* er *doch* länger in Urlaub *geblieben! – Wenn* er *doch* länger in Urlaub *geblieben wäre!*

Wenn man in der Vergangenheit ein anderes Geschehen oder einen anderen Zustand wünscht als das Geschehen oder den Zustand, der tatsächlich eingetreten ist, gebraucht man die Vergangenheitsformen des Konjunktiv II und das Adverb *doch.* Dies ist der Ausdruck eines Wunsches, der nicht mehr erfüllt werden kann. Der Satz steht in der Grundform oder wird mit der Konjunktion *wenn* eingeleitet.

Übung 2: *Bilden Sie Wunschsätze!*

> *Beispiel:* Er kommt nicht pünktlich. Käme er doch pünktlich.
> Ich bin zu früh weggegangen. Wäre ich doch nicht
> zu früh weggegangen.

1. Er muß sonntags arbeiten. — 2. Ich habe geschäftliche Sorgen. —
3. Du hast nicht die richtigen Waren eingekauft. — 4. Ich habe nicht
daran gedacht, dem säumigen Kunden nichts mehr zu liefern. — 5. Diese
Verkäuferin hat keine Geduld mit langsamen Kunden. — 6. Du hast
keine Fremdsprachen gelernt. — 7. Ich kann jetzt keinen Urlaub
nehmen. — 8. Ihr habt uns nichts von euren geschäftlichen Schwierigkeiten gesagt.

Übung 3: *Bilden Sie Wunschsätze!*

> *Beispiel:* Warum bin ich nicht fleißig? Wäre ich doch fleißig!
> Warum habe ich nicht auf ihn gehört? Hätte ich
> doch auf ihn gehört!

1. Warum hat er so spät seine Berufsausbildung begonnen? — 2. Warum
hat er ihm einen Wechselkredit eingeräumt? — 3. Warum sind wir
nicht mit dem TEE-Zug gefahren? — 4. Warum ist sein Bruder nicht
Kaufmann geworden? — 5. Warum hat er die Ausstellung nicht besucht? — 6. Warum hat er diese Buchungsmaschine gekauft? — 7. Warum
ist sie mit den Kunden nicht höflicher? — 8. Warum hat er immer so
viel gearbeitet? — 9. Warum hat er nicht Betriebswirtschaft studiert?

Rektion der Adjektive

Ich bin *Ihnen* sehr *dankbar*. — Der Lagerverwalter ist immer *freundlich
zu mir*. — Du bist *mit seiner Arbeit zufrieden*. — Er ist *böse auf* den säumigen Kunden.

Adjektive, die als Satzglieder bei den Verben „sein", „werden", „bleiben"
und anderen stehen, **können Objekte verlangen** wie die Verben.

Vergleichen Sie: Er half *seinem Angestellten*. — Er *war seinem Angestellten behilflich*.
Er *sorgt sich um seinen Vater*. — Er ist *um seinen Vater besorgt*.

Oft verlangen aber die Adjektive eine **andere Objektform** als die ent-
sprechenden **Verben:**

Die schlechte Geschäftslage *ängstigt den Kaufmann*. — Der Kaufmann ist
ängstlich wegen der schlechten Geschäftslage.
Er *heiratet eine Kontoristin*. — Er *ist mit einer Kontoristin verheiratet*.

Einige Adjektive können auch **verschiedene Objektformen** haben:

Diese Arbeit ist nicht *der (die) Mühe* wert.

Sein Rat war *mir* sehr *nützlich.*

Die Ratschläge des Großhändlers waren *für den* Einzelhändler *sehr* (wichtig) *nützlich.*

Mit der Form der Objekte kann sich auch oft der Inhalt des Satzes ändern!

Adjektive, die als Satzglied den *Akkusativ* verlangen:

gewohnt, müde, statt (auch Gen.).

Adjektive, die als Satzglied den *Dativ* verlangen:

ähnlich, angenehm (auch: für), ärgerlich (auch: für), behilflich, bekannt, beschwerlich (auch: für), dankbar (auch: gegen, für), erwünscht, freundlich (auch: gegen), fremd, gefährlich (auch: für), gleich, günstig (auch: für), leicht (auch: für), leid, lieb, möglich (auch: für), nahe (auch: bei), nötig (auch: für), notwendig (auch: für), nützlich (auch: für), recht, schädlich (auch: für), schwer (auch: für), treu, verwandt (auch: mit), vorteilhaft (auch: für), willkommen usw.

Adjektive, die als Satzglied den *Genitiv* verlangen:

fähig (auch: zu), schuldig (auch Akk.), sicher, wert (auch: Akk.).

Adjektive, die als Satzglied eine *Präposition* verlangen:

arm an D, aufmerksam auf A, bekannt mit D, besorgt um A, bewandert in D, empfindlich gegen A, fähig zu D, fertig mit D, freundlich gegen A, froh über A, glücklich über A, neugierig auf A, überzeugt von D, verschieden von D, voll von D, zufrieden mit D usw.

Übung 4: *Bilden Sie die richtigen Objektformen!*

1. Sind Sie noch nicht satt (die viele und schwere Arbeit)? — 2. Diese Obstkonserve ist ähnlich (die andere). — 3. Diese Nachricht ist angenehm (der Angestellte). — 4. Dieser Wechselprotest ist sehr ärgerlich (die Firma). — 5. Die Abwicklung des Konkurses ist beschwerlich (der Einzelhändler). — 6. Ich bin Ihnen dankbar (die Ratschläge). — 7. Der Besuch des Vertreters ist nicht erwünscht (der Großhändler). — 8. Viele säumige Kunden sind gefährlich (das Vermögen der Firma). — 9. Diese Qualität ist gleich (die vorjährige). — 10. Das neue Angebot ist sehr günstig (der Kunde). — 11. Die Lieferung ist möglich (der Großhändler). — 12. Diese feste Verpackung ist nicht nötig (diese Waren). — 13. Eine ständige Kontrolle ist notwendig (die Außenstände). — 14. Viel Berufserfahrung ist nützlich (die Führung eines Geschäftes). — 15. Dieser Vorschlag ist recht (ich). — 16. Ein feuchter Lagerraum ist schädlich (die Lebensmittel). — 17. Die ersten Arbeitswochen waren schwer (für die junge Angestellte). — 18. Er ist treu geblieben (als Kunde). — 19. Der neue Geschäftsinhaber ist verwandt (der Großhändler). — 20. Dieser Kauf ist vorteilhaft (der Kunde). — 21. Diese Verkäuferin

ist fähig (ständige Höflichkeit). — 22. Dieses Erzeugnis ist wert (sein Preis). — 23. Deutschland ist arm (Rohstoffe). — 24. Der Einzelhändler ist aufmerksam (die Arbeit seiner Angestellten). — 25. Der Buchhalter ist besorgt (der Eingang der Rechnungen). — 26. Der neue Abteilungsleiter ist bewandert (der Außenhandel). — 27. Dieser Kunde ist empfindlich (die unhöfliche Bedienung). — 28. Er ist fertig (die wochenlange Arbeit). — 29. Der Kaufmann ist froh (die Nachricht). — 30. Er ist sehr glücklich (der große Geschäftsabschluß). — 31. Der Großhändler ist sehr neugierig (das diesjährige Angebot der Fabrik). — 32. Der Vertreter ist überzeugt (die Qualität der angebotenen Waren). — 33. Das Lager dieser Firma ist voll (die neue Lieferung).

Stellung der Präpositionalobjekte

Dieser Teil des Landes ist besonders reich *an Rohstoffen.* — Ich bin *von der Qualität dieser Waren überzeugt.* — Wir sind *mit allen Angestellten* der Firma gut *bekannt.* — Die Sekretärin ist gut *bekannt mit dem Buchhalter* der Großhandlung.

Die Stellung der Präpositionalobjekte, die von Adjektiven abhängen, ist oft verschieden.

Die Objekte können vor oder hinter den folgenden Adjektiven stehen:
arm an D, aufmerksam auf A, böse auf A, fertig zu, froh über A, reich an D, stolz auf A, verschieden von usw.

Objekte stehen meistens vor:
fähig zu, überzeugt von usw.

Die Objekte können vor oder hinter den folgenden Adjektiven stehen:
bekannt mit, fertig mit, freundlich gegen, glücklich über A, nachlässig in D, zufrieden mit.

Übung 5: *Setzen Sie die Objekte richtig ein!*

1. Der Abteilungsleiter ist böse (der nachlässige Angestellte). — 2. Der fleißige Student ist stolz (seine Leistungen). — 3. Bei der Geschäftseröffnung war er sehr froh (jeder Kunde). — 4. Der Lagerverwalter ist immer freundlich (die Mitarbeiter). — 5. Der Fahrer ist fähig (Warenlieferung). — 6. Der Großhändler ist neugierig (die Ausstellung). — 7. Der Kaufmann ist zufrieden (der Umsatz dieses Jahres).

Übung 6: *Sagen Sie, was geschähe oder geschehen wäre, wenn folgende Tatsachen nicht einträten oder eingetreten wären!*

1. Ich komme während der Woche immer sehr spät von meiner Arbeit nach Haus. Ich kann nur am Wochenende Bücher lesen. — 2. Herr Wirth

kann jetzt nicht zur Hannover-Messe fahren. Zwei Angestellte sind schon seit längerer Zeit krank. – 3. Die beiden Brüder des Herrn Wirth sind nicht Kaufleute geworden. Herr Wirth mußte die Firma seines Vaters übernehmen. – 4. Dieses Akzept ist zu Protest gegangen, und der Kunde hat die Zahlungen eingestellt. Daher mußte der Konkurs eröffnet werden. – 5. Der Kunde hat das Zahlungsziel immer pünktlich eingehalten. Deshalb wurde ihm ein Kredit von drei Monaten auf Akzept eingeräumt. – 6. Die Konkursmasse war sehr gering. Darum konnten die Forderungen der Gläubiger kaum befriedigt werden.

Übung 7: *Bilden Sie das Passiv!*

1. Der Kunde hat ein Akzept nicht eingelöst. – 2. Der Großhändler hat dem pünktlich zahlenden Kunden einen längeren Kredit eingeräumt. – 3. Der Lieferer hat auf seinen Kunden eine Tratte gezogen. – 4. Der Kunde hat die Tratte mit seiner Unterschrift angenommen. – 5. Dieses Akzept war drei Monate nach dem Rechnungsdatum fällig. – 6. Der Kunde hatte bisher alle Akzepte am Fälligkeitstag eingelöst. – 7. Der säumige Kunde hat die Zahlungen bereits eingestellt. – 8. Die Firma hat die Eröffnung des Konkurses beantragt. – 9. Die Gläubiger meldeten ihre Forderungen an. – 10. Die Bank hatte die Wechsel der Großhandlung immer angekauft, d. h. diskontiert.

Wechsel – Tratte	– Akzept
fällig	– Fälligkeitstag
einlösen	– Protest erheben lassen
Aussteller	– Bezogener
eine Tratte ziehen	– eine Tratte annehmen
die Zahlungen einstellen	– die Eröffnung des Konkurs-verfahrens beantragen
Forderungen anmelden	– Forderungen befriedigen
Amtsgericht	– Konkursmasse
Diskont – diskontieren	– Risiko

SIEBZEHNTER ABSCHNITT

Urlaub

Mit der nur zögernd eintretenden warmen Jahreszeit ist das Urlaubsziel das häufigste Gespräch in den Betrieben. Der deutsche Sommer
hat meistens ein unbeständiges Wetter, weshalb sich die Urlaubsorte
im Süden, an den Küsten des Mittelmeeres, mit ständiger Sonne und
Wärme, besonderer Beliebtheit erfreuen. Große Reisebüros, mit einer
umfassenden Organisation, haben in den Winter- und Frühjahrs-
monaten alles in den Mittelmeerländern vorbereitet, damit die Sehn-
sucht des Urlaubers nach ewigem Frühling auch mit bescheidenen
Mitteln erfüllt werden kann. In den beiden Urlaubsmonaten Juli und
August strömen Millionen von Deutschen nach den sonnigen Küsten
Frankreichs, Spaniens, vor allem nach Italien und an die dalmatinische
Küste von Jugoslawien, sehr viele an die rumänische und bulgarische
Schwarzmeerküste, eine große Anzahl an die Küsten und auf die herr-
lichen Inseln Griechenlands.
Man hat in diesen Monaten den Eindruck, daß in ganz Europa nur die
Angestellten des Beherbergungs- und Gaststättengewerbes und der
Verkehrsbetriebe arbeiten, während alle übrigen sich nur erholen
und ihrem Vergnügen nachgehen wollen. Durch diese riesige Urlaubs-
welle, die fast zur gleichen Zeit alle europäischen Länder erfaßt, wird
von den Touristen insgesamt sehr viel Geld für Reise und Erholung
ausgegeben. Dadurch wird der Fremdenverkehr für die Länder mit
angenehmem Klima und flachen Küsten zu einer großen Industrie, die
Millionen von Menschen Arbeit und ein gutes Einkommen für ihre
Dienstleistungen sichert.
Auch in den Betrieben der Firma Engelmann, Wirth, der Versicherungsgesellschaften u. a. wird die Urlaubszeit voll ausgenützt. Diese
Betriebe entscheiden sich aus praktischen Gründen für Betriebsferien,
damit alle Angestellten zur selben Zeit ihren Urlaub nehmen können,
weil der Betrieb zu dieser Zeit geschlossen bleibt.
Auch die Verkäuferin in der Firma Engelmann, Fräulein Dahl, wird
im Juli in Urlaub gehen. Nach dem Urlaub wird sie nicht mehr in das
Geschäft zurückkehren, weil sie Ende August heiraten und dann
mit ihrem Ehemann nach Ingolstadt ziehen wird, wo dieser in einer
Erdölraffinerie beschäftigt ist.
Damit Fräulein Dahl vertragsgemäß ihr Dienstverhältnis beendigen

kann, hat sie 6 Wochen vor dem Quartalsende Herrn Engelmann ihre Kündigung mitgeteilt, d. h. daß sie am 19. Mai zum 30. Juni kündigt. Da das Recht auf Urlaub ein gesetzlicher Anspruch ist, wird sie selbstverständlich für ihren anschließenden Urlaub voll bezahlt. Darüber hinaus hat Herr Engelmann seiner Angestellten für die jahrelangen treuen Dienste ein Sparbuch mit einer Einlage von 1000 DM geschenkt, damit sie sich einiges für ihren jungen Haushalt besorgen kann. Herr Engelmann hat nun genügend Zeit, eine gute Verkäuferin zum Diensteintritt für den Herbst zu finden. Dies wird sicher nicht sehr leicht sein, weil viele Firmen zum gleichen Termin neue Angestellte suchen und deshalb die Anzahl der Stellenangebote größer ist als die der Stellenanwärter.

Der Sprecher nimmt Stellung zu seiner Aussage

Wenn der Sprecher einen Sachverhalt berichtet, hat er zwei Möglichkeiten für seinen Bericht:

1. er berichtet den Sachverhalt und **nimmt keine eigene Stellung dazu,**
2. er berichtet den Sachverhalt und **drückt seine Meinung dazu aus.**

Bei beiden Berichten muß man folgendes unterscheiden:

a) der Sprecher berichtet **einen Sachverhalt, den er selbst beobachtet hat,**
b) er berichtet **einen Sachverhalt, den er von anderen erfahren hat,** also nicht selbst beobachtete.

Der Sprecher kann seinen Bericht mit seiner Stellungnahme einleiten, z. B.:

ich glaube, daß ...	ich halte es für möglich, daß ...
ich vermute, daß ...	ich bezweifle, daß ...
ich bin sicher, daß ...	ich habe nur gehört, daß ...
ich bin überzeugt, daß ...	ich schließe daraus, daß ...

Meist wird er aber bestimmte grammatische Konstruktionen in seinem Bericht gebrauchen, die seine Stellung bezeichnen. Dies sind **das Futur, der Konjunktiv,** einige **Modalverben** oder **bestimmte Adverbien.**

1. Der Sprecher berichtet, **nimmt aber keine Stellung** zu dem geschilderten Sachverhalt.

a) Er hat den Sachverhalt selbst beobachtet:

Karl *hat* seine Lehrzeit *beendet.* Er *will* in Hamburg den Außenhandel *erlernen.* – Herr Wirth *ist* zur Hannover-Messe *gefahren.*

b) Er hat den Sachverhalt von anderen erfahren:

Karl *soll* seine Lehrzeit *beendet haben.* – Herr Wirth *soll* zur Hannover-Messe *gefahren sein.*

Man gebraucht *das Modalverb* **sollen** (im Präsens), wenn man die Person, die den Sachverhalt berichtet hat, nicht nennt oder nennen kann.

Mein Freund erzählte mir, daß Karl seine Lehrzeit *beendet habe.* – Er *wolle* jetzt in Hamburg den Außenhandel *erlernen.* – Mein Kollege sagte mir, daß Herr Wirth zur Hannover-Messe *gefahren wäre.*

114

Man gebraucht den Konjunktiv I (II), wenn man angibt, woher man den Sachverhalt erfahren hat.

2. Der Sprecher **nimmt Stellung** zu dem geschilderten Sachverhalt:

a) Er spricht von einem Sachverhalt, den er kennt:

> Die Verkäuferin *wird* jetzt schon *arbeiten*. – Die Lieferung *wird* bald *zugestellt werden* können. – Herr Engelmann *wird* zum Finanzamt *gegangen sein*.

Mit dem Futur drückt der Sprecher eine Vermutung aus, weil er die Verhältnisse oder die Gewohnheiten einer Person oder Sache kennt. Liegt das Geschehen in der Gegenwart oder in der Zukunft, gebraucht man „werden" mit dem einfachen Infinitiv. Für ein Geschehen in der Vergangenheit gebraucht man den Infinitiv Perfekt.

b) Der Sprecher hat den Sachverhalt von anderen erfahren:

> Der Firmenwagen *ist* zum Hauptbahnhof *gefahren*. – Karl *hat* seine Prüfung *bestanden*. Er *will* Außenhandel *studieren*.

Der Sprecher berichtet den Sachverhalt so, als habe er ihn selbst beobachtet. Er ist *von der Richtigkeit seiner Aussage überzeugt.*

> Der junge Angestellte sagt, daß die Betriebsferien am 10. Juli *beginnen*. – Der Vertreter schrieb dem Kunden, daß er ihn jetzt nicht *besuchen kann*.

Der Sprecher gebraucht in der indirekten Rede keinen Konjunktiv, weil es für ihn keinen Zweifel an der Richtigkeit des geschilderten Sachverhaltes gibt.

> Er *will* Englisch in 3 Wochen *erlernt haben*. – Sie *will* schon 25 Jahre alt *sein*.

„wollen" drückt den starken Zweifel des Sprechers an der Aussage einer anderen Person aus.

Übung 1: *Geben Sie an, wie der Sprecher zu seiner Aussage steht! (Drückt er eine Vermutung, seinen Zweifel, seine Überzeugung aus oder nimmt er keine Stellung zu den Sachverhalten?)*

1. Die junge Angestellte will schon Geschäftsführerin gewesen sein. – 2. Dieser Mann soll in der Nachbarstadt eine große Firma haben. – 3. Diese Versicherungsgesellschaft hat am Freitag keine Bürostunden gehabt! Sie muß Betriebsferien haben. – 4. Herr Bender erzählt, daß er die Feiertage in der Firma gearbeitet hat. – 5. Sie will noch nie etwas von der Lebensmittelkontrolle gehört haben. – 6. Der Fahrer sagte, daß er kein Bier getrunken habe. – 7. Die Zustellung dieser Ware soll 4 Stunden gedauert haben.

Die Zeichensetzung

Die Regeln, wann im Deutschen ein Komma stehen muß, sind ziemlich kompliziert. Die wichtigsten sind folgende:

1. Aufzählungen werden durch ein Komma getrennt:
   Sonnabends, sonntags und an den Feiertagen sind die Banken nicht geöffnet. – Er führt in seinem Geschäft Lebensmittel, Tabakwaren, Textilien und Schuhe.

2. Mehrere Attribute vor einem Nomen trennt man durch ein Komma:
   Moderne, kleine, einfache und billige Hotels werden von vielen Touristen gesucht.

3. Attribute nach dem Nomen werden zwischen Kommas gesetzt:
   Herr Wirth, der Inhaber einer großen Münchner Lebensmittelgroßhandlung, ist heute nach Frankfurt gefahren.

4. Beim Datum wird zwischen die Angabe des Ortes, des Tages und der Zeit ein Komma gesetzt:
   Kiel, den 25. Juli, 8.30 Uhr.

5. Haupt- und Nebensatz werden *immer durch ein Komma* getrennt. (Beachten Sie vor allem auch das Komma vor Relativsätzen.)
   Der Laden, den er übernommen hat, geht sehr gut. – Ich wußte nicht, daß die Urlaubszeit schon in dieser Woche beginnt.

6. Infinitivsätze mit „um zu", „ohne zu", „anstatt zu" werden durch Komma vom Hauptsatz getrennt:
   Er fährt nach Paris, anstatt sich im Urlaub gut auszuruhen. – Sie hat ihr Dienstverhältnis beendigt, ohne der Firma rechtzeitig zu kündigen.

7. Nebensätze werden durch Komma getrennt:
   Sie freut sich, weil sie wieder eine gute Stelle bekommen hat und weil sie da besser verdient.

Urlaub	– Urlaubsziel – Urlaubsort – Urlaubsmonat – Urlaubszeit – Urlaubswelle
Mittelmeer	– Spanien, Frankreich, Italien, Jugoslawien, Griechenland
Reisebüros	– Verkehrsbetriebe
Beherbergung	– Gaststätten
das Schwarze Meer	– Rumänien, Bulgarien
Erholung – Reisen	– Vergnügen
Touristen	– Fremdenverkehr
Diensteintritt	– Dienstverhältnis
Kündigung	– kündigen
Sparbuch	– Einlage
Stellenangebote	– Stellenanwärter

ACHTZEHNTER ABSCHNITT

Ein Stellenangebot

Die Firma Wirth sucht auch einen Angestellten, der dem Inhaber einen Teil der Arbeit abnehmen könnte, weil Herr Wirth durch die ständige Ausweitung des Geschäftes überlastet ist. Dieser leitende Angestellte sollte auch Erfahrung im Außenhandel haben, um den Einkauf für die Firma am Binnenmarkt und im Ausland durchzuführen. Er muß natürlich auch über gründliche Marktkenntnisse verfügen, um richtig einkaufen zu können, d. h. um den Geschmack der Kunden und die Preislage der gängigen Waren zu berücksichtigen. Er muß sich außerdem in der Buchführung gut auskennen, um den Inhaber auch während einer längeren Zeit vertreten zu können. Herr Wirth beabsichtigt, diesem leitenden Angestellten Prokura zu erteilen. Das bedeutet, daß der Prokurist jederzeit alle Geschäfte ohne jede Einschränkung abschließen kann. Die Vollmacht eines Prokuristen ist also sehr weitgehend. Alle diese Bedingungen faßt Herr Wirth in einem großen, gut sichtbaren Stellenangebot zusammen, das er in der Samstagausgabe der „Süddeutschen Zeitung" veröffentlichen läßt:

Solide Lebensmittelgroßhandlung

sucht zum baldigen Eintritt

leitenden Angestellten (Prokura)

Wir stellen uns eine dynamische Persönlichkeit vor (bis zu 40 Jahren), die über gründliche Kenntnisse im Außenhandel und im Großhandel mit Lebensmitteln verfügt.

Bewerbungen mit ausführlichem, handgeschriebenem Lebenslauf, mit Zeugnisabschriften, mit Angabe des frühesten Dienstantritts und der Gehaltsansprüche an „Süddeutsche Zeitung" unter SBO 2301 erbeten.

Schon 10 Tage später holt sich Herr Wirth die eingegangenen Bewerbungen bei der Zeitung ab. Die meisten enthalten folgendes:

117

1. die Bewerbung, in der die Gründe des Stellenwechsels angegeben werden;

2. den Lebenslauf:

   a) Angaben zur Person:
     Geburtsdatum ...   in ...
     Beruf der Eltern ...
     Staatsangehörigkeit ...

   b) Schulbildung:
     Volksschule in ...   von ... bis ...
     kaufmännische Berufsschule in ...   von ... bis ...
     (oder Oberschule von ... bis ...)
     (Reifeprüfung in ...   am ...)

   c) Berufsausbildung:
     kaufmännische Lehre bei ...   in ...   von ... bis ...
     Kaufmannsgehilfenprüfung in ...   am ...
     Angestellter 1. bei ... in ... von ... bis ... als .. :
               2. bei ... in ... von ... bis ... als .. :
               3. bei ... in ... von ... bis ... als .. :
    im Ausland
               1. in ... bei ... von ... bis ... als .. :

Herr Wirth wartet noch eine Woche, bis alle Bewerbungen eingetroffen sind. Dann wird er die beiden Bewerber, die er für die geeignetsten hält, bitten, sich vorzustellen. Den übrigen läßt er die Unterlagen mit einer höflichen Absage wieder zugehen.

Beantworten Sie folgende Fragen in ganzen Sätzen!

1. Weshalb sucht die Firma einen leitenden Angestellten?
2. Über welche Kenntnisse soll dieser Angestellte verfügen?
3. Welche Geschäfte darf ein Prokurist abschließen?
4. Warum wird im Stellenangebot die Firma nicht angegeben?
5. Weshalb soll der Lebenslauf der Bewerber handschriftlich sein?
6. Warum werden Zeugnisabschriften verlangt?
7. Warum sollen die Bewerber nicht älter als 40 Jahre sein?

Schreiben Sie:

1. eine Bewerbung,
2. einen Lebenslauf.

Übersicht

1. *Wirtschaft*

   Verbraucher
   Einzelhandel
   Großhandel
   Verkehr ⎫
   Versicherung ⎬ Dienstleistungen
   Banken ⎭
   Handwerk
   Industrie
   Landwirtschaft
   Bergbau

2. *Geschäftsbriefe*

   Anfrage
   Angebot
   Bestellung
   Lieferung
   Rechnung
   Zahlungsausgleich
   Mängelrüge
   Mahnung

3. *Betrieb*

   Arbeiter
   Angestellte
   leitende Angestellte
   (Direktor
   Prokurist
   Geschäftsführer)
   Inhaber

4. *Gewerbebetrieb*

   Einzelhandel
   Großhandel
   Dienstleistungen
   Handwerk
   Industrie

Wörterverzeichnis

Die Reihenfolge der Wörter ist nach ihrem Auftreten im Text und im Grammatikteil festgelegt, und zwar in drei Gruppen:

Verben (mit Satzbeispielen), Nomen und andere Wortarten.

Wenn ein Wort im Text mit einer neuen Bedeutung gebraucht wird, so wird es in diesem Verzeichnis nochmals aufgeführt.

I

einkaufen + A, kaufte ein, hat eingekauft
Sie kauft meistens in diesem Geschäft ein.

beginnen + A, begann, hat begonnen
Zwischen der Kundin und dem Geschäftsinhaber beginnt folgendes Gespräch.

vergessen + A, vergaß, hat vergessen
Damit ich es nicht vergesse.

brauchen + A, brauchte, hat gebraucht
Ich brauche noch zwei Glas Marmelade.

empfehlen + A, empfahl, hat empfohlen
Ich kann Ihnen die jungen Karotten empfehlen.

kosten + A, kostete, hat gekostet
Was kosten die jungen Karotten?

ausfallen, fiel aus, ist ausgefallen
Eine Lieferung ist ausgefallen.

ausgehen, ging aus, ist ausgegangen
Waschpulver ist ausgegangen.

bestellen + A, bestellte, hat bestellt
Ich kann Ihnen das Waschpulver bestellen. Oder:
Ich möchte einige Artikel bestellen (ich möchte einige Artikel bei Ihnen bestellen).

zuschicken + D (Person) + A (Sache), schickte zu, hat zugeschickt
Schicken Sie mir das Waschpulver zu!

schicken + D (Person) + A (Sache), schickte, hat geschickt
Schicken Sie mir 5 Eimer!

abschicken + A, schickte ab, hat abgeschickt
Ich schicke die Bestellung noch heute ab.

packen + A, packte, hat gepackt
Er packt die Ware in die Einkaufstasche.

bezahlen + A, bezahlte, hat bezahlt
Sie bezahlt die gekauften Waren.
bekommen + A, bekam, hat bekommen
Er bekommt ein Stückchen Schokolade.
sich bedanken, bedankte sich, hat sich bedankt
Er hat sich höflich bedankt.
anrufen bei + D, rief an, hat angerufen
Herr Engelmann ruft bei einer Lebensmittelgroßhandlung an.
aufnehmen + A, hat aufgenommen
Ich nehme Ihre Bestellung auf.
achten auf + A, achtete, hat geachtet
Ich muß auf Qualität achten.
vorbeikommen bei + D, kam vorbei, ist vorbeigekommen
Der Firmenwagen kommt heute bei Ihnen vorbei.
reichen, reichte, hat gereicht
Reicht das?
steigen, stieg, ist gestiegen
Unsere Preise steigen nicht so rasch.
ausschreiben + A, schrieb aus, hat ausgeschrieben
Ich schreibe die Bestellung noch heute aus.
versprechen + D (Person) + A (Sache), versprach, hat versprochen
Wir haben Ihnen das Waschpulver für heute versprochen.
liefern + A, lieferte, hat geliefert
Wir liefern den Rest am Montag.
benötigen + A, benötigte, hat benötigt
Wir benötigen 5 Eimer Waschpulver.
anbieten + D (Person) + A (Sache), bot an, hat angeboten
Wir bieten Ihnen dieses neue Waschpulver an.
zustellen + D (Person) + A (Sache)
Wir können Ihnen heute das Waschpulver zustellen.
mitnehmen + A, nahm mit, hat mitgenommen
Frau Brandl nimmt das Waschpulver sofort mit.
verlassen + A, verließ, hat verlassen
Der Kunde verläßt das Geschäft.
abheben + A, hob ab, hat abgehoben
Die Sekretärin hebt den Hörer ab.
sich verabschieden von + D, verabschiedete sich, hat sich verabschiedet
Frau Brandl verabschiedet sich von Herrn Engelmann.
schätzen + A, schätzte, hat geschätzt
Feinschmecker schätzen Pasteten.

das Lebensmittel, des Lebens-
mittels
meistens nur Plural: die Lebensmittel

der Inhaber, -s, die Inhaber
der Kaufmann, -s, *die Kaufleute*
die Qualität, -, die Qualitäten
das Einkaufen, -s, ohne Plural
das Geschäft, -s, die Geschäfte
der Gast, -es, die Gäste
das Pfund, -es, die Pfunde
das Mehl, -s, ohne Plural
die Butter, -, ohne Plural
das Ei, -s, die Eier
die Sorte, -, die Sorten
das Glas, -es, die Gläser
die Erdbeere, -, die Erdbeeren
die Konfitüre, -, die Konfitüren
die Marmelade, -, die Marmeladen
der Keks, -es, die Keks (= die
Kekse)
der Kunde, -en, die Kunden
die Kundin, -, die Kundinnen
die Karotte, -, die Karotten
die Bohne, -, die Bohnen
das Gemüse, -s, die Gemüse
der Preis, -es, die Preise
der Eimer, -s, die Eimer
das Waschpulver, -s, ohne Plural
die Tüte, -, die Tüten
die Süßigkeiten, nur Plural
die Einkaufstasche, -, -en
der Kleine, -n, -n
die Kleine, -n, -n
das Stück, -s, die Stücke

der Laden, -s, die Läden

die Schokolade, -, ohne Plural
das Telefon, -s, die Telefone
der Apparat, -s, die Apparate
das Gespräch, -s, die Gespräche
die Firma, -, die Firmen (= Fa.)
die Großhandlung, -, die Groß-
handlungen
die Sekretärin, -, die Sekretärin-
nen
die Bestellung, -, die Bestellungen
die Lieferung, -, die Lieferungen
der Wagen, -s, die Wagen
der Wunsch, -es, die Wünsche
der Artikel, -s, die Artikel
der Fruchtsaft, -es, die Fruchtsäfte
die Sonne, -, die Sonnen
die Glut, -, die Gluten
das Vollkorn, -s
die Packung, -, die Packungen
der Käse, -s, ohne Plural
das Dreieck, -s, die Dreiecke
der Gletscher, -s, die Gletscher
die Leber, -, die Lebern
die Pastete, -, die Pasteten
die Büchse, -, die Büchsen
der Feinschmecker, -s, die Feinschmecker
der Rest, -es, die Reste
die Ware, -, die Waren
der Hörer, -s, die Hörer
der Fahrer, -s, die Fahrer

folgend	abgepackt	jung	trotzdem
meistens	fein	teuer	leider
außerdem	einfach	frisch	sofort
zuerst	besonders	allerdings	freundlich

inzwischen	dringend	sonst	das letzte Mal
halt	selbstverständ-	rheinisch	nie
eilig	lich	rasch	
höflich	möglich	gleich	

II

nachsehen, sah nach, hat nachgesehen
Sehen Sie nach, wie viele Packungen im Geschäft sind!
feststellen + A, stellte fest, hat festgestellt
Ich will den Bestand im Lager feststellen.
erhalten + A, erhielt, hat erhalten
Wir werden die Lieferung am Montag erhalten.
nachzählen + A, zählte nach, hat nachgezählt
Sie beginnt die einzelnen Artikel nachzuzählen.
sich notieren + A, notierte sich, hat sich notiert
Sie notierte sich die Packungen.
(übereinander)legen + A, legte, hat gelegt
Er legte das Kohle- und Durchschlagpapier übereinander.
einspannen + A, spannte ein, hat eingespannt
Er spannt die Papiere sorgfältig in die Maschine ein.
sich beziehen auf + A, bezog sich, hat sich bezogen
Ich beziehe mich auf mein Gespräch.
erwarten + A, erwartete, hat erwartet
Er erwartet den Rest der Lieferung.
vorhanden sein, ist vorhanden, war vorhanden (nur 3. Pers. Sing. u. Plural), ist vorhanden gewesen
Diese Waren sind noch vorhanden.
sich verbinden mit + D, verband sich mit + D, hat sich mit + D verbunden
Folgende Präpositionen verbinden sich mit dem bestimmten Artikel:
klingeln, klingelte, hat geklingelt
Das Telefon klingelt im Büro.
abholen + A, holte ab, hat abgeholt
Wir holen die Lieferung am Bahnhof ab.

das Lager, -s, -	das Büro, -s, -s
der (die) Angestellte, -n, -n	die Schreibmaschine, -, -n
die Flasche, -, -n	das Firmenpapier, -s, -e (= das
die Schachtel, -, -n	Kopfpapier)
der Bestand, -(e)s. Pl. Bestände	das Durchschlagpapier, -s, -e

123

das Kohlepapier, -s, -e die Ortsveränderung, -, -en
der Einzelhandel, -, nur Singular die Adresse, -, -n
der Betreff, -s, -e die Anschrift, -, -en
der Begriff, -s

nämlich	sorgfältig	geehrt	vorsichtig
rechtzeitig	sofortig	gewöhnlich	je

III

vorlegen + A, legte vor, hat vorgelegt
Die Sekretärin legt Herrn Wirth die Morgenpost vor.
durchsehen + A, sah durch, hat durchgesehen
Der Kaufmann sieht zuerst die Bestellungen durch.
sich beschäftigen mit + D, beschäftigte sich, hat sich beschäftigt
Er beschäftigt sich mit der übrigen Post.
eingehen, ging ein, *ist* eingegangen
Das ist die eingegangene Post!
durchlesen + A, las durch, hat durchgelesen
Er liest diesen Brief durch.
vermerken + A, vermerkte, hat vermerkt
Er vermerkt etwas für das Lager.
ausliefern + A, lieferte aus, hat ausgeliefert
Bitte die Bestellung sofort ausliefern!
bearbeiten + A, bearbeitete, hat bearbeitet
Die Bestellung wird vom Lagerverwalter bearbeitet.
übergeben + D, übergab, hat übergeben
Die Bestellung wird dem Lageristen übergeben.
fertigmachen + A, machte fertig, hat fertiggemacht
Die Bestellung wird zum Versand fertiggemacht.
behilflich sein + D, ist behilflich, war behilflich, ist behilflich gewesen
Die beiden Lagerangestellten sind ihm behilflich.
befolgen + A, befolgte, hat befolgt
Die Mitarbeiter befolgen seine Weisungen.
zusammenstellen + A, stellte zusammen, hat zusammengestellt
Er hat den Auftrag des Kunden zusammengestellt.
eintragen + A, trug ein, hat eingetragen
Die einzelnen Posten werden im Warenausgangsbuch eingetragen.
erledigen + A, erledigte, hat erledigt
Er hat diesen Auftrag erledigt.

bestätigen + A, bestätigte, hat bestätigt
Der Kunde bestätigt die Übernahme der Ware mit seiner Unterschrift.
zugehen + D, ging zu, *ist* zugegangen
Die Rechnung wird Herrn Engelmann mit der Post zugehen.
vergleichen, verglich, hat verglichen
Vergleichen Sie diese Form mit den Personalpronomen!

die Post, -, nur Singular
der Vermerk, -es, -e
der Lagerverwalter, -s, -
der Versand, -es, nur Singular
der Lagerist, -en, -en
die Anweisung, -, -en
der Mitarbeiter, -s, -
die Weisung, -, -en
der Auftrag, -s, Pl. die Aufträge
der Posten, -s, -
der Ausgang, -s, Pl. die Ausgänge
der Lieferschein, -s, -e
die Rechnung, -, -en
die Unterschrift, -, -en
die Abteilung, -, -en
der LKW, -s, -s (= der Lastkraft-
    wagen, -s, -wagen)

die Übernahme, -, nur Singular
das Doppel, -s, -
der Empfang, -es, nur Singular
die Menge, -, -n
die Einheit, -, -en
der Betrag, -(e)s, Pl. die Beträge
das Ziel, -s, -e
die Zahlung, -, -en
der (das) Skonto, -s, -s
der Lehrling, -s, -e
das Schild, -(e)s, -er
die Entscheidung, -, -en
die Aufforderung, -, -en
die Ergänzungsfrage, -, -n
die Zeitangabe, -, -n
d. M. = dieses Monats

schon   einzeln   anschließend   gesamt
übrig   einzel   tüchtig   innerhalb
sobald   danach   aufgrund   willig
genau   handschriftlich   auf Grund   vorrätig

IV

vorfahren bei + D, fuhr vor, ist vorgefahren
Der Lieferwagen fährt bei der Firma vor.
abladen + A, lädt ab, hat abgeladen
Der Fahrer lädt die Kartons ab.
unterschreiben + A, unterschrieb, hat unterschrieben
Der Kunde unterschreibt den Lieferschein.
überprüfen + A, überprüfte, hat überprüft
Sie überprüfen die Lieferung im Lager.

auspacken + A, packte aus, hat ausgepackt
  Sie packen alles aus.
abzählen + A, zählte ab, hat abgezählt
  Sie zählen die Waren nach Artikeln ab.
entsprechen + D, entsprach, hat entsprochen
  Die Lieferung entspricht der Bestellung.
fehlen, fehlte, hat gefehlt
  In dieser Lieferung hat nichts gefehlt.
benennen + A, benannte, hat benannt
  Der Geschäftsinhaber benannte die Verkäuferin als Zeuge.
ausnützen + A, nützte aus, hat ausgenützt
(oder ausnutzen + A, nutzte aus, hat ausgenutzt)
  Der Kaufmann nützt den Skonto aus.
sparen + A, sparte, hat gespart
  Er spart auf diese Weise 2%.
leisten + A, leistete, hat geleistet
  Der Geschäftsinhaber leistet manchmal größere Zahlungen.
gelten, galt, hat gegolten
  Das Zahlungsziel gilt dreißig Tage.
erlauben + A, erlaubte, hat erlaubt
  Er erlaubt es.

die Verkäuferin, -, -nen	das Geschäft, -s, -e
der Zeuge, -n, -n	das Kalbfleisch, -es, nur Singular
das Datum, -s, -en	der Geburtstag, -s, -e
der Fall, -(e)s, Pl. Fälle	der Befehl, -s, -e
der Lieferwagen, -s, -	der Wareneingang, -s, die Waren-
der Kollege, -n, -n	eingänge
das Wetter, -s, -	

genau	so ... wie	auf diese Weise	jedoch
etwa	heutig	manchmal	unangenehm
auftragsgemäß			

V

dienen mit + D, diente, hat gedient
  Womit kann ich Ihnen dienen?
Ärger bereiten + D, bereitete Ärger, hat Ärger bereitet
  Das Waschpulver hat mir viel Ärger bereitet.

126

sich ärgern über + A, ärgerte sich, hat sich geärgert
Sie hat sich über dieses Waschpulver geärgert.

unzufrieden sein mit + D, war unzufrieden, ist unzufrieden gewesen
Du bist mit diesem Waschpulver sehr unzufrieden.

leid tun + D (Person) + A (Sache), tat leid, hat leid getan
Das tut mir leid.

recht sein + D, ist recht, war recht, ist recht gewesen
Ist es Ihnen so recht?

garantieren für + A, garantierte, hat garantiert
Er hat mir für beste Qualität garantiert.

sich in Verbindung setzen mit + D, setzte sich in Verbindung mit + D,
hat sich mit + D in Verbindung gesetzt
Ich setze mich mit meinem Lieferer in Verbindung.

sich entschuldigen bei + D (Person) + wegen + G (Sache), entschuldigte sich, hat sich entschuldigt
Ich möchte mich bei Ihnen wegen dieser Ware entschuldigen. Oder:
Ich möchte mich dafür entschuldigen.

sich beschweren über + A, beschwerte sich, hat sich beschwert
Er hat sich über das Waschpulver beschwert.

bekannt sein + D, ist bekannt, war bekannt, ist bekannt gewesen
Dieser Kunde ist mir sehr gut bekannt.

zutreffen, traf zu, hat zugetroffen
Diese Feststellung trifft zu.

beanstanden + A, beanstandete, hat beanstandet
Ich beanstande Ihre Lieferung.

bemängeln + A, bemängelte, hat bemängelt
Ich bemängele diese Ware.

zur Verfügung stellen + D, stellte, hat gestellt
Die bemängelte Ware stelle ich Ihnen zur Verfügung.

erfahren von + D, erfuhr, hat erfahren
Wir haben vom Lieferwerk erfahren.

zu Recht bestehen, bestand, hat bestanden
Ihre Beanstandung besteht zu Recht.

zurücknehmen + A, nahm zurück, hat zurückgenommen
Wir werden die unbrauchbare Ware zurücknehmen.

übel nehmen + D (Person) + A (Sache), nahm übel, hat übel genommen
Nehmen Sie uns diesen Fehler nicht übel!

rechnen auf + A, rechnete, hat gerechnet
Wir rechnen auf Ihr Vertrauen.

tragen + A, trug, hat getragen
Sie trägt nur gute Kleider.
essen + A, aß, hat gegessen
Wir essen viel Obst.
wissen + A, wußte, hat gewußt
Ich weiß es.
trinken + A, trank, hat getrunken
Er trinkt wenig Bier.

die Bemängelung, -, -en

die Beanstandung, -, -en

die Mängelrüge, -, -n

die Reklamation, -, -en

die Kraft, -, die Kräfte

die Klage, -, -n

die Feststellung, -, -en

die Neulieferung, -, -en

die Erledigung, -, -en

der Abnehmer, -s, -

das Lieferwerk, -s, -e

die Sendung, -, -en

der Fehler, -s, -

das Vertrauen, -s, nur Singular

der Markt, -es, die Märkte

das Kleid, -es, -er

das Obst, -es, nur Singular

der Wein, -s, -e

die Milch, -, nur Singular

das Bier, -s, -e

der Spargel, -s, nur Singular

die Seife, -, -en

die Handlung, -, -en

die Gegenwart, -, nur Singular

die Zukunft, -, nur Singular

die Vergangenheit, -, nur Singular

das Land, -es, die Länder

zufrieden	einwandfrei	zugleich	hoch
als sonst	ohnehin	weiterhin	nah
fast	süß	langjährig	viel
natürlich	obig	fleißig	billig
unzufrieden	unbrauchbar	dunkel	auf dem Land

VI

aufschließen + A, schloß auf, hat aufgeschlossen
Er schließt das Lager auf.
betreten + A, betrat, hat betreten
Du betrittst den Laden.
übernehmen + A, übernahm, hat übernommen
Er muß die Bierlieferung übernehmen.
entrichten + A, entrichtete, hat entrichtet
Er hat nur den Bierpreis zu entrichten.

128

bedienen + A, bediente, hat bedient
Die Verkäuferin hat die ersten Kunden bedient.
überweisen + A, überwies, hat überwiesen
Überweisen Sie diesen Betrag!
angeben + A, gab an, hat angegeben
Geben Sie den Verwendungszweck an!
verständigen + A, verständigte, hat verständigt
Der Kaufmann verständigt seinen Lieferanten.
ausgleichen + A, glich aus, hat ausgeglichen
Er hat diese Rechnung ausgeglichen.
beauftragen + A, beauftragte, hat beauftragt
Wir beauftragen unsere Bank, diesen Betrag zu überweisen.
einzahlen + A, zahlte ein, hat eingezahlt
Ich zahle diesen Betrag auf mein Konto ein.
gutschreiben + D + A, hat gutgeschrieben
Die Bank hat dem Kaufmann diesen Betrag gutgeschrieben.
belasten + A + mit + D, belastete, hat belastet
Wir belasten Ihr Konto mit diesem Betrag.
abziehen + A + von + D, zog ab, hat abgezogen
Wir ziehen den Skonto vom Rechnungsbetrag ab.
saldieren + A, saldierte, hat saldiert
Wir müssen diese beiden Posten saldieren.
ändern + A, änderte, hat geändert
Ändern Sie diese Sätze!
besorgen + A, besorgte, hat besorgt
Wir haben unsere Einkäufe besorgt.
beenden + A, beendete, hat beendet
Wir beenden unsere Arbeit um fünf Uhr.
abschließen, schloß ab, hat abgeschlossen
Wir schließen den Laden ab.
benutzen + A, benutzte, hat benutzt
Wir benutzen die Schreibmaschine.
abladen + A, lud ab, hat abgeladen
Der Fahrer lädt die Waren ab.

der Beginn, -s, nur Singular	der Arbeitsplatz, -es, die Arbeits-
die Öffnung, -, nur Singular	plätze
die Bedienung, -, -en	die Kundschaft, -, -en
das Flaschenpfand, -(e)s, -pfänder	der Auftraggeber, -s, -
der Lieferant, -en, -en	die Buchung, -, -en

das Soll, -(s), -
das Haben, -(s), -
die Überweisung, -, -en
die Bank, -, -en
das Gewerbe, -s, -e
das Konto, -s, -en
der Betrag, -(e)s, die Beträge
die Verwendung, -, -en
der Zweck, -s, -e
der Ausgleich, -s, nur Singular
das Karteiblatt, -(e)s, -blätter
die Kartei, -, -en

das Guthaben, -s, -
der Saldo, -s, -en
die Bestimmtheit, -, nur Singular
die Vermutung, -, -en
der Zustand, -s, die Zustände
die Ergänzung, -, -en
der Sprecher, -s, -
die Absicht, -, -en
der Täter, -s, -
der Vorgang, -es, die Vorgänge
die Freundlichkeit, -, -en
der Kontoauszug, -s, -züge

unterwegs
eben
berufstätig
erst

leer
hell
auf einmal
bar

städtisch
zu Lasten
abzüglich

zugunsten
augenblicklich
beliebt

VII

bestehen, bestand, hat bestanden
Die Firma besteht seit 1930.
gründen + A, gründete, hat gegründet
Die Firma wurde 1908 gegründet.
gebären + A, gebar, hat geboren
(Passiv: geboren werden)
Der jetzige Inhaber wurde im gleichen Jahr geboren.
verbinden mit + D, verband, hat verbunden
Er hat seinen Lebensweg mit seiner Firma verbunden.
vergrößern + A, vergrößerte, hat vergrößert
Sie haben ihr Geschäft vergrößert.
anstellen bei + D, stellte an, hat angestellt
Er ist als Prokurist bei einer großen Firma angestellt.
ergreifen + A, ergriff, hat ergriffen
Du hast den Beruf eines Kaufmanns ergriffen.
verdienen + A, verdiente, hat verdient
Sie verdienten sehr gut.
sammeln + A, sammelte, hat gesammelt
Sie konnten viele Erfahrungen sammeln.
fordern + A, forderte, hat gefordert
Der Krieg forderte schwere Opfer.

130

besuchen + A, besuchte, hat besucht
Er mußte eine kaufmännische Berufsschule besuchen.

einweisen + A (Person) + in + A (Sache)
Wir weisen ihn in die Praxis des Außenhandels ein.

beschließen + A, beschloß, hat beschlossen
Sie beschlossen, eine gemeinsame Firma zu gründen.

fallen, fiel, ist gefallen
Die beiden Söhne fielen an der Front.

(die Prüfung) ablegen, legte ab, hat abgelegt
Er hat die Prüfung für Kaufmannsgehilfen abgelegt.

vertreten + A, vertrat, hat vertreten
Sein Sohn mußte ihn im Geschäft vertreten.

(die Gesundheit) wiederherstellen, stellte her, hat hergestellt
Er hat seine Gesundheit wiederhergestellt.

kennenlernen + A, lernte kennen, hat kennengelernt
In Hamburg lernte er die Probleme des Außenhandels kennen.

vermitteln + D, vermittelte, hat vermittelt
Sein Auslandsaufenthalt hat ihm viele nützliche Bekanntschaften vermittelt.

eintreten in + A, trat ein, ist eingetreten
Er trat in das väterliche Geschäft ein.

beraten + A, beriet, hat beraten
Der Firmeninhaber berät seinen Sohn.

zurückkehren, kehrte zurück, ist zurückgekehrt
Nach 3 Jahren kehrte er nach Hause zurück.

übernehmen + A, übernahm, hat übernommen
Er übernahm den größten Teil der Arbeit.

zur Seite stehen + D, stand, ist gestanden
Der Vater stand ihm beratend zur Seite.

sich zurückziehen, zog sich zurück, hat sich zurückgezogen
Er zog sich allmählich ganz aus dem Geschäft zurück.

weiterführen + A, führte weiter, hat weitergeführt
Er führte den Firmennamen weiter.

firmieren, firmierte, hat firmiert
Wir firmieren: ...

tätigen + A, tätigte, hat getätigt
Er tätigt seine Geschäfte unter dieser Firma.

fortsetzen + A, setzte fort, hat fortgesetzt
Er setzt seine Ausbildung nicht fort.

erwerben + A, erwarb, hat erworben
Er konnte als Volontär Erfahrungen in der Praxis des Außenhandels erwerben.

weilen, weilte, hat geweilt
Ich weilte im Auftrag meiner Firma im Fernen Osten.

verheiratet sein, ist verheiratet, war verheiratet, ist verheiratet gewesen
Wir sind seit Oktober 1928 verheiratet.

führen + A, führte, hat geführt
Die Verkäuferin führt den Kunden zum Geschäftsinhaber.

aufstellen + A, stellt auf, hat aufgestellt
Die Sendung wird vor dem Firmenwagen aufgestellt.

treffen + A, traf, hat getroffen
Wir haben einige Kollegen getroffen.

der Lebensweg, -s, -e
die Geschichte, -, -n
der Abteilungsleiter, -s, -
der Prokurist, -en, -en
der Beruf, -s, -e
das Ersparnis, -ses, -e
das Geld, -es, -er
die Erfahrung, -, -en
das Kapital, -s, *-ien*
der Fleiß, -ßes, nur Singular
die Geschicklichkeit, -, nur Sing.
der Kriegsausbruch, -s, -brüche
der Gründer, -s, -
die Tüchtigkeit, -, nur Singular
die Stellung, -, -en
der Einkauf, -s, die Einkäufe
der Verkauf, -s, die Verkäufe
der Erlös, -es, -e
der Geschäftsmann, -s, die Geschäftsleute
der Rückschlag, -s, die Rückschläge
das Opfer, -s, -
die Front, -, -en
das Interesse, -s, nur Singular

die Beendigung, -, nur Singular
der Volontär, -s, -e
die Praxis, -, nur Singular
die Zustimmung, -, -en
das Problem, -s, -e
der Tod, -es, -e
die Achtung, -, nur Singular
der Lebenslauf, -s, -läufe
der Abschluß, -ses, die Abschlüsse
die Erkrankung, -, -en
die Ausbildung, -, -en
der Teilhaber, -s, -
der Auftrag, -s, die Aufträge
die Diplomprüfung, -, -en
die Universität, -, -en
das Zeugnis, -ses, -se
der Briefträger, -s, -
die Umgangssprache, -, -n
die Tätigkeit, -, -en
die Volksschule, -, -n
der Kaufmannslehrling, -s, -e
der Geschäftsfreund, -es, -e
die Lehrzeit, -, -en
die Berufsschule, -, -n
der Erfolg, -s, -e

der Kaufmannsgehilfe, -n, -n
die Industrie- und Handelskammer, -, -n
die Gesundheit, -, nur Singular
die Nähe, -, nur Singular
der Seehafen, -s, -häfen
der Außenhandel, -s, nur Singular

der Ferne Osten, -s, nur Singular
der Aufenthalt, -s, -e
die Bekanntschaft, -, -en
der Alleininhaber, -s, -
die Bezeichnung, -, -en
das Lebenswerk, -s, nur Singular
der Vorteil, -s, -e

geschäftlich	fern	jetzig	nützlich
erfahren	persönlich	anderseits	väterlich
bedeutend	sen. = senior =	eng	allmählich
wichtig	der Ältere	selbständig	geb. = geboren
ansehnlich	schwer	eigen	zunächst
gemeinsam	einerseits	damals	schwierig
befreundet	jun. = junior =	so daß	
kaufmännisch	der Jüngere	an Ort und Stelle	

VIII

Sorge tragen für, trug, hat getragen
   Er muß dafür Sorge tragen.
befriedigen + A, befriedigte, hat befriedigt
   Er kann die Wünsche seiner Kunden jederzeit befriedigen.
beziehen + A, bezog, hat bezogen
   Er bezieht seine Waren von den Lieferern.
führen + A, führte, hat geführt
   Er führt viele Arten von Waren.
sich eindecken mit + D, deckte sich ein, hat sich eingedeckt
   Er deckt sich seit Jahren bei denselben Lieferern ein.
aussuchen + A, suchte aus, hat ausgesucht
   Er hat sich seine Lieferanten sorgfältig ausgesucht.
rechnen mit + D (= auf + A), rechnete, hat gerechnet
   Wir rechnen auf weitere Aufträge.
begleichen + A, beglich, hat beglichen
   Er begleicht seine Rechnung vor Ablauf der zehn Tage.
nachkommen + D, kam nach, ist nachgekommen
   Dieser Kaufmann kommt seinen Verpflichtungen pünktlich nach.
ausgehen, ging aus, ist ausgegangen
   Diese Rechnung ist schon ausgegangen.
kontrollieren + A, kontrollierte, hat kontrolliert
   Die ausgegangenen Rechnungen werden ständig kontrolliert.

gewähren + D + A, gewährte, hat gewährt
Er gewährt seinen Kunden ein Ziel von einem Monat.

überschreiten + A, überschritt, hat überschritten
Das Ziel darf nicht überschritten werden.

herstellen + A, stellte her, hat hergestellt
Viele Fabriken stellen Lebensmittel her.

einführen + A, führte ein, hat eingeführt
Dieser Großhändler führt Waren aus dem Ausland ein.

anfragen bei + D, fragte an, hat angefragt
Er fragt bei einem Lieferer an.

sich ändern, änderte sich, hat sich geändert
Die Zahlungsbedingungen haben sich nicht geändert.

sich unterhalten mit + D, über + A, unterhielt sich, hat sich unterhalten
Der Kaufmann unterhält sich mit dem Vertreter über die Bestellung.

sich interessieren + A, interessierte sich, hat sich interessiert
Diese Lebensmittelkonserven interessieren den Kaufmann nicht.

(sich interessieren für + A, Interesse haben für + A)

aufgeben + A, gab auf, hat aufgegeben
Wir geben Ihnen die folgende Bestellung auf:

klären + A, klärte, hat geklärt
Sie können mit dem Vertreter alle Fragen klären.

enthalten + A, enthielt, hat enthalten
Unser diesjähriges Angebot enthält viele neue Artikel.

entgehen + D, entging, ist entgangen
Es ist meiner Aufmerksamkeit entgangen.

besprechen + A, besprach, hat besprochen
Sie werden mit meinem Vertreter diese Fragen besprechen können.

fällig sein, ist, war, ist . . . gewesen
Diese Rechnung war zum 10. Oktober fällig.

zusammentreffen + D, traf zusammen, ist zusammengetroffen
Eine Handlung trifft mit einer zweiten zusammen.

geschehen, geschah, ist geschehen
Diese Handlung ist in der Vergangenheit geschehen.

auszahlen +, zahlte aus, hat ausgezahlt
Jeden Freitag wird den Arbeitern der Lohn ausgezahlt.

sich einigen über + A, einigte sich, hat sich geeinigt
Wir haben uns über das Programm geeinigt.

erhalten + A (Person), erhielt, hat erhalten
Er muß seine Eltern erhalten.

der Zahler, -s, -	der Urlaub, -s, -e
der Ablauf, -s, die Abläufe	das Ereignis, -ses, -se
die Verpflichtung, -, -en	der Lohn, -s, Löhne
die Forderung, -, -en	die Besprechung, -, -en
die Mahnung, -, -en	das Programm, -s, -e
die Fabrik, -, -en	das Angebot, -s, -e
die Konserve, -, -n	die Herstellung, -, -en
die Einheit, -, -en	der Blumenkohl, -s, nur Singular
die Anfrage, -, -n	die Verpackung, -, -en
die Lieferbedingung, -, -en	der Besuch, -s, -e
die Zahlungbedingung, -, -en	die Betriebsferien, nur Plural
der Firmenreisende, -n, -n	die Berufsausbildung, -, nur Sing.
der Vertreter, -s, -	die Betriebswirtschaft, -, nur Sing.
das Sortiment, -s, -e	der Skiurlaub, -s, -e
die Erbse, -, -n	die Belegschaft, -, -en
die Gurke, -, -n	der Hilfsarbeiter, -s, -
das Blaukraut, -s, nur Singular	der Feiertag, -s, -e
das Muster, -s, -	der Eingang, -s, die Eingänge
die Aufmerksamkeit, -, nur Sing.	die Geschäftsbeziehung, -, -en

jederzeit	voraussichtlich	mitinbegriffen	allgemein
ständig	angenehm	wunschgemäß	alleinig
pünktlich	umgehend	baldig	köstlich
säumig	günstig	einmalig	unbestimmt
bisherig	fällig	mehrmalig	übermäßig
langjährig	gleich	übergeordnet	unvollständig
diesjährig	frei Werk		

IX

ausgehen, ging aus, ist ausgegangen
Heute sind keine Rechnungen ausgegangen.
berechnen + A, berechnete, hat berechnet
Der Buchhalter berechnet die Löhne der Arbeiter.
errechnen + A, errechnete, hat errechnet
Wir errechnen die Mehrwertsteuer nach dem Umsatz des letzten Monats.
zu Lasten gehen + G, ging, ist gegangen
Die Unfallversicherung geht zu Lasten des Arbeitgebers.
einsetzen + A, setzte ein, hat eingesetzt
Er hat diesen LKW nur für Lebensmittellieferungen eingesetzt.

sich handeln um + A, es handelte sich um . . ., es hat sich um . . . gehandelt.

Es handelt sich um die Zahlungen zum Monatsersten.

vereinbaren + A, vereinbarte, hat vereinbart
Dieses Gehalt wird vertraglich vereinbart.

abführen + D + A, führte ab, hat abgeführt
Die Lohnsteuer wird dem Finanzamt abgeführt.

erzielen + A, erzielte, hat erzielt
In diesem Jahr haben wir wenig Gewinn erzielt.

tragen + A, trug, hat getragen
Dieser Beitrag wird nur vom Arbeitgeber getragen.

ausfüllen + A, füllte aus, hat ausgefüllt
Er füllt das Formular aus.

verbieten + A, verbat, hat verboten
Verbieten Sie ihm das Rauchen!

sich entschließen, entschloß, hat entschlossen
Wir haben uns entschlossen, diese Ware billiger zu verkaufen.

sich merken + A, merkte, hat gemerkt
Ich habe mir diese Stelle nicht gemerkt.

Angst haben vor + D, hatte, hat gehabt
Er hat Angst vor der Lagerkontrolle.

mahnen + A, mahnte, hat gemahnt
Mahnen Sie diese Firma!

teilnehmen am + D, nahm teil, hat teilgenommen
Wir werden an dieser Besprechung nicht teilnehmen.

erreichen + A, erreichte, hat erreicht
Man will erreichen, daß er seine Mitteilung ergänzt.

beteiligt sein an + D, war beteiligt, ist beteiligt gewesen
Wir sind beide an diesem Geschehen beteiligt.

auftreten, trat auf, ist aufgetreten
Das Verb tritt mit seiner Personalform auf.

sich richten nach, richtete, hat gerichtet
Das Verb richtet sich nach dem Subjekt.

schaden + D, schadete, hat geschadet
Das schlechte Wetter hat dem Geschäft geschadet.

verletzen + A, verletzte, hat verletzt
Er ist leicht verletzt worden.

zusammentreffen, traf zusammen, ist zusammengetroffen
Diese Prädikatsteile treffen am Ende des Satzes zusammen.

die Außenstände, nur Plural
der Buchhalter, -s, -
das Ende, -s, -n
die Miete, -, -n
die Heizung, -, -en
die Kosten, nur Plural
der Arbeitgeber, -s, -
die Abrechnung, -, -en
die Zulage, -, -n
das Gehalt, -s, die Gehälter
die Lohnsteuer, -, -n
das Finanzamt -es, -ämter
die Überstunde, -, -n
die Sozialversicherung, -, -en
der Anteil, -s, -e
die Endsumme, -, -n
der Betrieb, -s, -e
der Arbeitnehmer, -s, -
der Beitrag, -s, die Beiträge
die Krankenversicherung, -, -en
der Monatsabschluß, -sses, -e
der Monatserste, -n, -n
die Rentenversicherung, -, -en
die Arbeitslosenversicherung, -, -en
die Arbeitslosigkeit, -, nur Singular
die Rente, -, -n
die Krankheit, -, -en
der Scheck, -s, -s (= e)
die Mehrwertsteuer, -, -n
der Umsatz, -es, die Umsätze
die Buchführung, -, -en

die Gewerbesteuer, -, -n
der Gewinn, -s, -e
der Pkw (= Personen-
kraftwagen), -s, -en
das Kraftfahrzeug (= Kfz.), -s, -e
die Versicherungsprämie, -, -n
die Kfz-Steuer, -, -n
der Verrechnungsscheck, -s, -s
die Zeitschrift, -, -en
der Jahresanfang, -s, -anfänge
die Tabelle, -, -n
das Formular, -s, -e
die Hälfte, -, -n
die Pflicht, -, -en
der Geschäftsvorgang, -s, -vorgänge
die Auskunft, -, Auskünfte
das Paket, -s, -e
der Ausdruck, -s, Ausdrücke
die Quittung, -, -en
die Tageszeitung, -, -en
die Stellenanzeige, -, -n
Übersee
das Geschehen, -s, nur Singular
die Schwierigkeit, -, -en
die Entscheidung, -, -en
die Stellung, -, -en
die Aussage, -, -n
die Verbindung, -, -en
der Rat, -s, die Ratschläge
die Mitteilung, -, -en
die Reihe, -, -n

sämtlich	gesondert	regelmäßig	unhöflich
ledig	betrieblich	glücklicherweise	unangenehm
vertraglich	ausschließlich	gleichzeitig	bzw. = be-ziehungsweise

erzeugen + A, erzeugte, hat erzeugt
Viele Lebensmittel werden im Ausland billiger erzeugt.

sich sichern + A, sicherte sich, hat sich gesichert
Der Einfuhrhändler hat sich zuverlässige Lieferer im Ausland gesichert.

verfügen über + A, verfügte, hat verfügt
Du mußt über Warenkenntnisse verfügen.

zur Verfügung stehen + D, stand, hat gestanden
Der Gemeinsame Markt steht für 180 Millionen Verbraucher zur Verfügung.

anliefern + A, lieferte an, hat angeliefert
Der Weichkäse wird sofort angeliefert.

bestimmen zu + D, bestimmte, hat bestimmt
Der Hartkäse ist nicht zum sofortigen Verbrauch bestimmt.

bilden + A, bildete, hat gebildet
Diese sechs Länder bilden die EWG.

absetzen + A, setzte ab, hat abgesetzt
Wir setzen viele Waren im Ausland ab.

verlangen + A, verlangte, hat verlangt
Beim Grenzübergang der Waren wird Zoll verlangt.

erschließen + A, erschloß, hat erschlossen
Der Gemeinsame Markt ist auch für landwirtschaftliche Erzeugnisse erschlossen.

einführen + A, führte ein, hat eingeführt
Der Einfuhrhändler führt Waren aus dem Ausland ein.

sichern + A, sicherte, hat gesichert
Der freie Verkehr der Güter ist gesichert.

erstatten + D + A, erstattete, hat erstattet
Die Mehrwertsteuer wird dem Exporteur erstattet.

erheben + A, erhob, hat erhoben
In allen Mitgliedstaaten der EWG wird die Mehrwertsteuer erhoben.

abwickeln + A, wickelte ab, hat abgewickelt
Dieses Geschäft wird noch in dieser Woche abgewickelt.

angleichen + D, glich an, hat angeglichen
Die Lieferbedingungen werden dem Binnenhandel angeglichen.

verladen + A, verlud, hat verladen
Sie verluden die Kisten.

aufräumen + A, räumte auf, hat aufgeräumt
Er räumt den Laden auf.

einleiten + A, leitete ein, hat eingeleitet
Dieser Satz wird mit einer Präposition eingeleitet.
ausreichen + D, reichte aus, hat ausgereicht
Diese Büroräume reichen uns nicht mehr aus.
abraten von + D, riet ab, hat abgeraten
Er hat ihm von diesem Geschäft abgeraten.
vertreten + A, vertrat, hat vertreten
Das Adverb vertritt den vorangehenden Satz.

der Markenwein, -s, -e
die Teigwaren, nur Plural
Belgien
Frankreich
die Niederlande
Luxemburg
Italien
die Nachfrage, -, -n
der Weichkäse, -s, -
der Hartkäse, -s, -
die Warenkenntnis, -, -se
die Wirtschaftsgemeinschaft,
 -, -en
der Gemeinsame Markt
der Warenverkehr, -s, nur Sing.
der Verbraucher, -s, -
der Binnenmarkt, -es, -märkte
der Binnenhandel, -s, nur Sing.
der Import, -s, -e
der Export, -s, -e
die Einfuhr, -, -en
die Ausfuhr, -, -en
der Einfuhrhändler, -s, -
der Ausfuhrhändler, -s, -
der Zoll, -s, die Zölle
der Emmentaler Käse
die Schweiz
der Grenzübergang, -s,
 -übergänge
die Abgabe, -, -n
die Kohle, -, -n
der Stahl, -s, die Stähle

der Bergbau, -s, nur Singular
das Erzeugnis, -ses, -se
die Montanindustrie, -, -n
das Olivenöl, -s, -e
das Gut, -es, die Güter
das Produkt, -es, -e
die Landwirtschaft, -, -en
das Handwerk, -s, nur Singular
das Mitglied, -s, -er
der Staat, -(e)s, -en
der Prozentsatz, -es, -sätze
der Warenaustausch, -s, nur
 Singular
der Unterschied, -s, -e
die Zahlungsweise, -, -n
die Fernsprechverbindung, -, -en
die Garage, -, -n
der Studienaufenthalt, -s, -e
die Heimatstadt, -, -städte
die Aussicht, -, -en
die Fakultät, -, -en
das Problem, -s, -e
der Rohstoff, -s, -e
der Umstand, -s, die Umstände
der Sinn, -s, -e
die Behinderung, -, -en
der Allgäu, -s, nur Singular
das Stellenangebot, -s, -e
der Lagerschuppen, -s, -
die Behörde, -, -n
der Schäferhund, -s, -e

zuverlässig	europäisch	industriell	betriebs-
haltbar	italienisch	handwerklich	wirtschaftlich
obwohl	landwirt-	ehe	beruflich
ohne weiteres	schaftlich		konzessiv

XI

einkalkulieren + A, kalkulierte ein, hat einkalkuliert
Er hat einen kleinen Betrag dafür einkalkuliert.

befördern + A, beförderte, hat befördert
Diese Güter werden mit der Bundesbahn befördert.

in Anspruch nehmen + A, nahm, hat genommen
Er nimmt dafür die Dienste einer Schiffahrtsgesellschaft in Anspruch.

versichern + A, versicherte, hat versichert
Er hat diese Ware nicht versichert.

abschließen + A, schloß ab, hat abgeschlossen
Für jeden möglichen Schaden muß ein Versicherungsvertrag abgeschlossen werden.

unterlassen + A, unterließ, hat unterlassen
Sie dürfen die Prämienzahlung nicht unterlassen.

leisten (Dienste), leistete, hat geleistet
Der Versicherungsbetrieb leistet einen bestimmten Dienst.

gelangen zu + D, gelangte, ist gelangt
Die Güter sind zu den Verbrauchern gelangt.

bezeichnen + A, bezeichnete, hat bezeichnet
Die Betriebe der Industrie und des Handwerks, die Dienstleistungsbetriebe und die Handelsbetriebe bezeichnen wir als Gewerbebetriebe.

tätig sein in + D, ist, war, ist gewesen
Er ist in einem Gewerbe tätig.

aufbewahren + A, bewahrte auf, hat aufbewahrt
Das Geld wird in der Bank aufbewahrt.

entgegennehmen + A, nahm entgegen, hat entgegengenommen
Die Bank nimmt Überweisungen entgegen.

berichten + A, berichtete, hat berichtet
Er hat diese Aussage berichtet.

das Stadtgebiet, -s, -e	die Auster, -, -n
der Aufschlag, -s, -schläge	die Luftfracht, -, -en
das Frachtgut, -s, -güter	das Flugzeug, -s -e
die Bundesbahn, -, -en	die Dienstleistung, -, -en
die Schiffahrtsgesellschaft, -, -en	die Eisenbahn, -, -en

140

die Flußschiffahrt, -, nur Singular
die Seeschiffahrt, -, nur Singular
der Flugverkehr, -s, nur Singular
der Verkehrsbetrieb, -s, -e
die Versicherung, -, -en
der Schaden(s)fall, -s, -fälle
das Entgelt, -(e)s, -e
der Gewerbebetrieb, -s, -e
der Stamm, -s, die Stämme
der Gewerbetreibende, -n, -n
die Ausnahme, -, -n
die Meinung, -, -en

das Dutzend, -s, -e
das Hemd, -es, -en
die Warenkunde, -, nur Singular
das Wörterbuch, -s, -bücher
der Lagerraum, -s, -räume
das Lehrbuch, -s, -bücher
die Fakultät, -, -en
die Unkosten, nur Plural
das Verkehrsmittel, -s, -
die Vermittlung, -, -en
die Prämie, -, -n
der Schaden, -s, die Schäden

umfangreich firmeneigen wirtschaftlich unregelmäßig
verderblich materiell demgegenüber

XII

zunehmen, nahm zu, hat zugenommen
Der Kundenkreis hat zugenommen.
zurückführen auf + A, führte zurück, hat zurückgeführt
Wir führen dies auf die gute Bedienung zurück.
fertig werden, wurde, ist geworden
Dieses Bürohaus ist in diesem Jahr fertig geworden.
sich überlegen + A, überlegte sich, hat sich überlegt
Er überlegt sich diese Sache.
vergrößern + A, vergrößerte, hat vergrößert
Er wird seinen Laden vergrößern.
gerecht werden + D, wurde, ist geworden
Er will dem größeren Kundenkreis gerecht werden.
Wert legen auf + A, legte, hat Wert auf + A gelegt
Er legte auf schnelle Bedienung Wert.
durchführen + A, führte durch, hat durchgeführt
Er führt folgende Veränderungen durch:
finanzieren + A, finanzierte, hat finanziert
Du kannst den Ausbau deines Ladens nicht allein finanzieren.
aufgeben + A, gab auf, hat aufgegeben
Der Fahrradhändler gibt seinen Laden auf.

vermieten + A, vermietete, hat vermietet
Der Hauseigentümer vermietet diese Räumlichkeiten.

eine Vereinbarung treffen mit + D, traf, hat getroffen
Ich habe mit dem Großhändler eine Vereinbarung getroffen.

ermöglichen + D (Person) + A (Sache), ermöglichte, hat ermöglicht
Diese Vereinbarung ermöglicht ihm die Vergrößerung seines Geschäftes.

sich verpflichten, verpflichtete sich, hat sich verpflichtet
Er verpflichtet sich, sämtliche Artikel bei der Firma Wirth zu kaufen.

zurückzahlen + A, zahlte zurück, hat zurückgezahlt
Wir müssen den Kreditbetrag in sieben Jahren zurückzahlen.

raten + D, riet, hat geraten
Er hat ihm geraten, einen Teilhaber aufzunehmen.

betreiben + A, betrieb, hat betrieben
Er betreibt ein Gemischtwarengeschäft auf dem Lande.

einbringen + A, brachte ein, hat eingebracht
Der junge Mann bringt eine Einlage ein.

mitarbeiten, arbeitete mit, hat mitgearbeitet
Ihr werdet in dieser Firma mitarbeiten.

mieten + A, mietete, hat gemietet
Er mietet diesen Laden.

einverstanden sein (mit + D), ist, war, ist ... gewesen
Er ist mit seinem neuen Teilhaber einverstanden.

umändern + A, änderte um, hat umgeändert
Die Firma wird in eine Kommanditgesellschaft umgeändert.

haften für + A, haftete, hat gehaftet
Sie haften nur für diesen Betrag.

lauten, lautete, hat gelautet
Unsere neue Firma lautet:

überzeugt sein von + D, ist überzeugt, war, ist ... gewesen
Er ist von der Hilfe seines Partners überzeugt.

decken + A, deckte, hat gedeckt
Ich kann diese Ausgaben nicht decken.

eintreten (Veränderung), tritt ein, ist eingetreten
Diese Veränderung wird bald eintreten.

sich erholen, erholte sich, hat sich erholt
Du wirst dich im Urlaub gründlich erholen.

vorführen + D + A, führte vor, hat vorgeführt
Der Vertreter führt dem Kunden die neuen Waren vor.

verhandeln über + A, verhandelte, hat verhandelt
Wir haben über die Frage lange verhandelt.
abhängen von + D, hing ab, hat abgehangen
Der Attributsatz hängt vom Nomen ab.

das Bürohaus, -es, -häuser
der Kundenkreis, -es, -e
die Mittagspause, -, -n
das Gedränge, -s, nur Singular
der Hauseigentümer, -s, -
die Veränderung, -, -en
das Fahrrad, -s, Fahrräder
die Innenstadt, -, -städte
der Umbau, -s, -bauten
der Ausbau, -s, -bauten
die Selbstbedienung, -, -en
die Reserve, -, -n
die Rücklage, -, -n
der Ladenbau, -s, -bauten
die Erweiterung, -, -en
die Neueinrichtung, -, -en
die Dauer, -, nur Singular
das Darlehen, -s, -
die Laufzeit, -, -zeiten
die Verzinsung, -, -en
die Jahresrate, -, -n
der Kreditbetrag, -s, -beträge
der Teilhaber, -s, -
der Partner, -s, -
das Gemischtwarengeschäft, -s, -e
die Einlage, -, -n

die Einzelfirma, -, -en
das Handelsregister, -s, -
die Kommanditgesellschaft, -, -en
der Kommanditist, -en, -en
der Komplementär, -s, -e
der (die) Verwandte, -n, -n
die Mittel, nur Plural
der Marktbericht, -s, -e
die Großmarkthalle, -, -n
die Nachricht, -, -en
die Befürchtung, -, -en
die Sorge, -, -en
der Glaube, -ns, nur Singular
die Hoffnung, -, -en
die Ausstellung, -, -en
die Aussicht, -, -en
der Zeitraum, -s, -räume
die Rundfahrt, -, -en
der Weinbau, -s, nur Singular
das Hochgebirge, -es, -e
die Gaststätte, -, -n
das Maß, -es, -e
der Stoff, -es, -e
das Regal, -s, -e
das Gewicht, -s, -e
der Wert, -s, -e

umliegend	gründlich	lustig	verantwor-
bereit	unbeschränkt	nett	tungsbereit
angrenzend	personell	selbständig	unabhängig
gewerblich	tüchtig		

XIII

verändern + A, veränderte, hat verändert
Du hast das ganze Geschäft verändert.

in Verbindung stehen mit + D, stand, hat ... gestanden
Wir haben mit Markenartikelfirmen in Verbindung gestanden.

beleuchten + A, beleuchtete, hat beleuchtet
Du mußt die Waren gut beleuchten.

gehören zu + D, gehörte, hat gehört
Die Dekoration gehört zur Werbung.

steigern + A, steigerte, hat gesteigert
Sie haben den Umsatz ihres Ladens gesteigert.

ausfüllen + A, füllte aus, hat ausgefüllt
Viele Überlegungen füllen die Zeit aus.

ausführen + A, führte aus, hat ausgeführt
Die Arbeiten sind noch nicht ausgeführt.

ausbilden + A, bildete aus, hat ausgebildet
Er bildet den Lehrling aus.

enttäuschen + A, enttäuschte, hat enttäuscht
Er will seine Kunden nicht enttäuschen.

anregen + A, regte an, hat angeregt
Die Aufstellung der Waren regt die Kauflust an.

(sich) spezialisieren auf + A, spezialisierte, hat spezialisiert
Der Supermarkt ist auf Lebensmittel spezialisiert.

gerüstet sein gegen + A, ist, war, ist gewesen
Man muß gegen die Konkurrenz gerüstet sein.

gelingen, gelang, ist gelungen
Es gelingt ihm dies mit der Werbung.

herausfinden + A, fand heraus, hat herausgefunden
Sie werden die Gründe herausfinden.

herrühren von + D, rührte her, hat hergerührt
Diese Veränderung rührt von diesen Gründen her.

abwandern, wanderte ab, ist abgewandert
Die Kunden werden nicht zur Konkurrenz abwandern.

übersehen + A, übersah, hat übersehen
Wir können nicht alle Waren im Kaufhaus übersehen.

senken + A, senkte, hat gesenkt
Der Kaufmann muß seine Preise senken.

(sich) verlassen auf + A, verließ, hat verlassen
Du kannst dich auf ihn verlassen.

beobachten + A, beobachtete, hat beobachtet
Er beobachtet die Marktveränderung.

schweigen, schwieg, hat geschwiegen
Er muß oft schweigen.

der Mietvertrag, -(e)s, -verträge
die Vorbereitung, -, -en
der Auszug, -(e)s, -züge
der Handwerker, -s, -
die Ausführung, -, -en
die Straßenfront, -, -en
der Innenausbau, -s, nur Singular
die Einrichtung, -, -en

die Beförderung, -, -en
die Fracht, -, -en
die Inneneinrichtung, -, -en
die Fachfirma, -, -en
der Werbefachmann, -s,
 -fachleute
der Markenartikel, -s, -
das Schaufenster, -s, -
die Dekoration, -, -en
die Aufstellung, -, -en
die Beleuchtung, -, -en
die Kauflust, -, nur Singular
der Wettbewerb, -s, -e

die Gewohnheit, -, -en
das Gewerbeamt, -s, -ämter
der Schreibtisch, -es, -e
der Regenmantel, -s, -mäntel
die (der) Familienangehörige,
 -n, -n
die Zusammenfassung, -, -en

der Nachbar, -n, -n
der Supermarkt, -es, -märkte
das Kaufhaus, -es, -häuser
die Konkurrenz, -, nur Singular
der Gesellschafter, -s, -
die Aufmachung, -, -en
der Fachmann, -s, -leute
die Marktforschung, -, nur Sing.
die Neueröffnung, -, -en
das Ergebnis, -ses, -se
der Verlust, -es -e
der Alpensee, -s, -n

langfristig	eingehend	üblich	kursiv
kurzfristig	hart	gesetzlich	abstrakt
fristgerecht	äußerst	historisch	eigenartig
geschickt			

XIV

eintreffen, traf ein, ist eingetroffen
  Eine Sendung ist eingetroffen.
mitteilen + D + A, teilte mit, hat mitgeteilt
  *Die Güterabfertigung hat der Firma die Ankunft der Sendung mit-
  geteilt.*
verzollen + A, verzollte, hat verzollt
  Diese Ware wird noch heute verzollt.
ausgehen von + D, ging aus, ist ausgegangen
  Wir gehen von diesem Betrag aus.
aufschlagen + D + A, schlug auf, hat aufgeschlagen
  Diese 15 Prozent werden dem Einkaufspreis aufgeschlagen. Oder:
  Diese 15 Prozent schlagen wir auf den Einkaufspreis.

ausgeben + A, gab aus, hat ausgegeben
Diese Summe wird jährlich ausgegeben.
dazurechnen + A, rechnete dazu, hat dazugerechnet
Diese Summe wird in einem Posten dazugerechnet.
sich ergeben aus + D, ergab sich, hat sich ergeben
Aus diesem Posten ergibt sich der Verkaufspreis.
aufrunden + A, rundete auf, hat aufgerundet
Der Preis von 10,19 DM wird auf 10,20 DM aufgerundet.
abrunden + A, rundete ab, hat abgerundet
Der Preis von 12,61 DM wird auf 12,60 DM abgerundet.
sich ausdrücken, drückte sich aus, hat sich ausgedrückt
Der Gewinnzuschlag wird in Prozenten ausgedrückt.
entstehen, entstand, ist entstanden
Beim Einkauf der Waren entstehen viele Unkosten.
betragen, betrug, hat betragen
Die Unkosten dieses Einkaufs betragen 52,06 DM.
planen + A, plante, hat geplant
Sie müssen Ihre Werbung im voraus planen.
addieren zu + D, addierte, hat addiert
Zu dem Gesamtbetrag wird die Mehrwertsteuer addiert.
sich zusammensetzen aus + D, setzte sich zusammen, hat sich zusammengesetzt
Der Bruttoverkaufspreis setzt sich aus folgenden Posten zusammen:
sich auskennen in +D, kannte sich aus, hat sich ausgekannt
Er kennt sich im Außenhandel aus.
absetzen + A, setzte ab, hat abgesetzt
Diese Warenbestände können wir nur schwer absetzen.
sich verhalten, verhält, hat verhalten
Dieses Geschehen verhält sich wie das andere.

die Abfertigung, -, -en	die Spesen, nur Plural
die Verzollung, -, -en	der Zuschlag, -s, -schläge
der Spediteur, -s, -e	die Preiskalkulation, -, -en
die Spedition, -, -en	der Verdienst, -es, -e
der Verkaufspreis, -es, -e	das Einkommen, -s, -
die Geschäftskosten, nur Plural	die Zollgebühr, -, -en
der Einkaufspreis, -es, -e	die Vergütung, -, -en
der Geschäftskostensatz, -es, -sätze	die Bezugskosten, nur Plural
	der Selbstkostenpreis, -es, -e
die Faktura, -, -en	die Ausgaben, nur Plural

das Prozent, -es, -e
der Nettoverkaufspreis, -es, -e
der Bruttoverkaufspreis, -es, -e
der Differenzbetrag, -es, -beträge
das Passagiergepäck, -(e)s, -e
das Dienstzeugnis, -ses, -se

der Transport, -es, -e
das Elend, -s, nur Singular
der Zufall, -s, -fälle
die Wiederkehr, -, nur Singular
die Fachzeitschrift, -, -en
die Betriebsform, -, -en

folgendermaßen je — desto
nochmalig (um so)

ausgezeichnet zweiteilig
einschließlich

XV

stattfinden, fand statt, hat stattgefunden
  Die Hannover-Messe findet immer im Frühjahr statt.
beschicken + A, beschickte, hat beschickt
  Diese Messe wird von vielen Firmen beschickt.
ausstellen + A, stellte aus, hat ausgestellt
  Auf der Messe werden viele Waren ausgestellt.
ins Leben rufen + A, hat gerufen
  Die Hannover-Messe wurde nach dem Krieg ins Leben gerufen.
fesseln + A, fesselte, hat gefesselt
  Dieses Mal fesselt ihn die automatische Buchungsmaschine.
bewältigen + A, bewältigte, hat bewältigt
  Er kann damit den großen Arbeitsanfall bewältigen.
einstellen + A, stellte ein, hat eingestellt
  Er stellt neue Angestellte ein.
Mangel herrschen an + D, herrschte, hat geherrscht
  Es herrscht Mangel an Fachkräften.
sich wenden an + A, wandte, hat gewandt
  Die Ausstellungen wenden sich an die Verbraucher.
erwecken + A, erweckte, hat erweckt
  Die Messen erwecken das Interesse der Fachleute.
sich vertraut machen mit + D, machte, hat gemacht
  Er will sich mit den Gepflogenheiten einer Börse vertraut machen.
festlegen + A, legte fest, hat festgelegt
  Es werden bestimmte Standards festgelegt.
zugrunde liegen + D, lag, hat gelegen
  Diesem Kaufvertrag liegen bestimmte Muster zugrunde.
leiten + A, leitete, hat geleitet
  Der Geschäftsführer leitet die GmbH.

ausüben + A, übte aus, hat ausgeübt
Die Gesellschafter üben keine direkte Kontrolle aus.
Aufschwung nehmen, nahm, hat genommen
Die Genossenschaften haben einen riesenhaften Aufschwung genommen.
zur Schau stellen, stellte, hat ... gestellt
Auf dieser Messe werden viele neue technische Artikel zur Schau gestellt.
handeln mit + D (Nomen meistens ohne Artikel), handelte mit, hat mit ... gehandelt
Die Wertpapierbörse handelt mit Wertpapieren.
unterbringen + A, brachte unter, hat untergebracht
In dem neuen Bürohaus sind viele Büros untergebracht.
feiern + A, feierte, hat gefeiert
Morgen feiere ich meinen Geburtstag.
Bescheid wissen, wußte Bescheid, hat Bescheid gewußt
Er wußte über die Marktlage Bescheid.
aufzählen + A, zählte auf, hat aufgezählt
Zählen Sie die Exportgüter Ihrer Heimat auf!
erkennen an + D, erkannte, hat erkannt
Er erkennt die Kapitalgesellschaft an der Abkürzung AG oder GmbH.
erwähnen + A, erwähnte, hat erwähnt
Wir haben den Aufsichtsrat schon erwähnt.
übertragen + D + A, übertrug, hat übertragen
Die Gesellschafter übertragen dem Aufsichtsrat die Kontrolle.
entfallen auf + A, entfiel, ist entfallen
Der Gewinn entfällt auf die Personen.

die Geschäftsreise, -, -n
die Messe, -, -n
die Zurschaustellung, -, -en
die Zweiteilung, -, -en
die Büromaschine, -, -n
die Kraft, -, Kräfte
die Fakturierung, -, -en
der Arbeitsanfall, -s, nur Sing.
die Fachausstellung, -, -en
die Börse, -, -n
die Gepflogenheit, -, -en
der Standard, -s, -s
die Heimreise, -, -n
die Durchreise, -, -n

das Wertpapier, -s, -e
die Usance, -, -n
die Eintragung, -, -en
der Messestand, -s, -stände
die Kapitalgesellschaft, -, -en
die Abkürzung, -, -en
die Spitze, -, -en
der Vorstand, -s, -stände
der Aufsichtsrat, -s, -räte
das Firmenkapital, -s, -ien
die Aktiengesellschaft, -, -en
die Gesellschaft mit beschränkter Haftung
der Aktionär, -s, -e

der Geschäftsführer, -s, -	der Aufschwung, -s, nur Singular
die Genossenschaft, -, -en	das Unternehmen, -s, -
der Zusammenschluß, -sses, -schlüsse	die Geschäftslage, -, -n
der Anteil, -s, -e	die Erlaubnis, -, -se
die Bewegung, -, -en	der Moment, -s, -e
	die Marktlage, -, -n

automatisch	beschränkt	juristisch	genossenschaft-
fachlich	unmittelbar	ungern	lich
ansonsten	riesenhaft	unglaublich	irreal
vertretbar	sozialistisch	herrlich	entwickelt

XVI

einlösen + A, löste ein, hat eingelöst
Das Akzept lösen wir heute ein.
einhalten + A, hielt ein, hat eingehalten
Er hat das Zahlungsziel immer eingehalten.
Kredit einräumen, räumte ein, hat eingeräumt =
Kredit gewähren, gewährte, hat gewährt
Er hat ihm einen Kredit von drei Monaten eingeräumt.
ziehen + A, zog, hat gezogen
Er wird einen Wechsel auf seinen Kunden ziehen.
annehmen + A, nahm an, hat angenommen
Der Kunde hat den Wechsel angenommen.
Sorge bereiten + D, bereitete, hat bereitet
Dieses Akzept bereitet dem Großhändler Sorge.
den Protest erheben, erhob, hat erhoben
Der Kaufmann hat wegen des nicht eingelösten Wechsels Protest erheben lassen.
versuchen + A, versuchte, hat versucht
Der Buchhalter hat versucht, Teilzahlungen zu erhalten.
die Zahlung einstellen, stellte ein, hat eingestellt
Er mußte seine Zahlungen einstellen.
beantragen + A, beantragte, hat beantragt
Er hat die Eröffnung des Konkursverfahrens beantragt.
auffordern + A, forderte auf, hat aufgefordert
Die Gläubiger werden aufgefordert.
anmelden + A, meldete an, hat angemeldet
Die Gläubiger melden ihre Forderungen an.

dauern, dauerte, hat gedauert
Die Abwicklung des Konkurses wird lange dauern.
diskontieren + A, diskontierte, hat diskontiert
Der Großhändler läßt alle Kundenwechsel diskontieren.
ankaufen + A, kaufte an, hat angekauft
Die Bank kauft die Kundenwechsel an.
entgegensehen + D, sah entgegen, hat entgegengesehen
Er sieht mit Gelassenheit dem Ergebnis entgegen.
verbunden sein mit + D, war, ist gewesen
Die Führung eines Geschäftes ist mit Risiken verbunden.
zustande kommen, kam zustande, ist zustande gekommen
Wie kommt ein Akzept zustande?
seinen Verpflichtungen nachkommen, kam nach, ist nachgekommen
Er ist seinen Verpflichtungen immer pünktlich nachgekommen.
sich benehmen, benahm, hat benommen
Er benimmt sich nicht wie ein Kaufmann.
behandeln + A, behandelte, hat behandelt
Er behandelt ihn wie einen Sohn.
zweifeln an + D, zweifelte, hat gezweifelt
Er zweifelt an der Erfüllung seines Wunsches.
einen Wunsch erfüllen + D, erfüllte, hat erfüllt
Er hat ihm einen Wunsch erfüllt.
beängstigen + A, beängstigte, hat beängstigt
Die schlechte Geschäftslage beängstigt den Kaufmann.
ängstlich sein wegen + G, war, ist gewesen
Der Kaufmann ist ängstlich wegen der schlechten Geschäftslage.
heiraten + A, heiratete, hat geheiratet
Er hat eine Kontoristin geheiratet, oder:
verheiratet sein mit + D, war, ist gewesen
Er ist mit einer Kontoristin verheiratet.
der (die) Mühe wert sein, war, ist gewesen
Diese Arbeit ist nicht der (die) Mühe wert.

der Wechselprotest, -es, -e	das Akzept, -s, -e
die Rückkehr, -, nur Singular	der Aussteller, -s, -
die Überraschung, -, -en	die Tratte, -, -n
die Zwischenzeit, -, -en	der Bezogene, -n, -n
der Wechsel, -s, -	der Fälligkeitstag, -es, -tage
der Abstand, -s, die Abstände	der Vertreter, -s, -
der Lieferkredit, -s, -e	die Abwesenheit, -, -en

die Teilzahlung, -, -en
das Amtsgericht, -s, -e
die Eröffnung, -, -en
das Konkursverfahren, -s, -
die Bekanntmachung, -, -en
die Konkurseröffnung, -, -en
der Gläubiger, -s, -
die Konkursmasse, -, -n
das Abkommen, -s, -
der Kundenwechsel, -s, -
der Wechselbetrag, -s, -beträge
der Wechselzins, -es, -en
der Diskont, -es, -e
der Diskontkredit, -s, -e

das Vermögen, -s, -
der Vorfall, -s, die Vorfälle
die Aufregung, -, -en
die Gelassenheit, -, nur Singular
die Abwicklung, -, -en
die Vorstellung, -, -en
das Risiko, -s, die Risiken
die Kontoristin, -, -nen
die Höflichkeit, -, -en
der Geschäftsabschluß, -sses
  -abschlüsse
der Nachteil, -s, -e
der Inhalt, -es, -e

zumindest	ärgerlich	treu	fertig mit
amtlich	beschwerlich	vorteilhaft	froh über
vorhanden	dankbar	willkommen	glücklich über
geraum	erwünscht	schuldig	neugierig auf
vorerst	fremd	sicher	überzeugt von
protestiert	gefährlich	wert	verschieden von
zum Glück	leid (es tut mir)	aufmerksam auf	voll von
häufig	lieb	besorgt um	zufrieden mit
jahrzehntelang	nötig	bewandert in	feucht
gewohnt	notwendig	empfindlich	nachlässig
müde	recht	gegen	
satt	schädlich	fähig zu	

XVII

zögern, zögerte, hat gezögert
  Er zögerte einzutreten.
sich erfreuen + G, erfreute, hat erfreut
  Die Urlaubsorte im Süden erfreuen sich besonderer Beliebtheit.
erfüllen, erfüllte, hat erfüllt
  Die Sehnsucht nach dem Süden kann erfüllt werden.
strömen, strömte, ist geströmt
  Millionen sind an das Mittelmeer geströmt.
erfassen + A, erfaßte, hat erfaßt
  Die Urlaubswelle erfaßt ganz Europa.

sich entscheiden für + A, entschied, hat entschieden
Viele Firmen entscheiden sich für Betriebsferien.
beendigen + A, beendigte, hat beendigt
Die Verkäuferin beendigt ihr Dienstverhältnis.
kündigen, kündigte, hat gekündigt
Die Angestellte hat zum Quartalsende gekündigt.
schenken + D + A, schenkte, hat geschenkt
Der Firmeninhaber hat seinem Angestellten ein Sparbuch geschenkt.
seinem Vergnügen nachgehen, ging nach, ist nachgegangen
Der Urlauber geht nur seinem Vergnügen nach.
Stellung nehmen zu + D, nahm, hat genommen
Ich nehme dazu keine Stellung.
ausdrücken + A, drückte aus, hat ausgedrückt
Er kann seine Meinung gut ausdrücken.
unterscheiden + A, unterschied, hat unterschieden
Wir müssen die einzelnen Berichte unterscheiden.
vermuten + A, vermutete, hat vermutet
Ich vermute, daß er bald kommen wird.
es für möglich halten, hielt, hat gehalten
Ich halte es für möglich, daß er nicht kommt.
bezweifeln + A, bezweifelte, hat bezweifelt
Ich bezweifle, daß das Geschäft gut geht.
schließen aus + D, schloß, hat geschlossen
Er schließt aus dem Umsatz auf den Gewinn.
schildern + A, schilderte, hat geschildert
Schildern Sie den Sachverhalt!
trennen + A, trennte, hat getrennt
Aufzählungen werden durch ein Komma getrennt.

die Jahreszeit, -, -en
das Urlaubsziel, -s, -e
das Wetter, -, nur Singular
der Urlaubsort, -es, -e
der Süden, -s, nur Singular
die Küste, -, -n
das Reisebüro, -s, -s
das Mittelmeer, -s, nur Singular
die Organisation, -, -en
die Beliebtheit, -, nur Singular
die Sehnsucht, -, die Sehnsüchte

die Insel, -, -n
die Schwarzmeerküste, -, -n
der Eindruck, -s, -drücke
der Urlauber, -s, -
das Beherbergungsgewerbe, -s,
nur Singular
das Gaststättengewerbe, -s, nur
Singular
der Verkehrsbetrieb, -s, -e
das Vergnügen, -s, -
die Urlaubswelle, -, -n

der Tourist, -en, -en
die Erholung, -, -en
der Fremdenverkehr, -s, nur
 Singular
das Klima, -s, Klimas und
 Klimaten
der Grund, -es, Gründe
die Erdölraffinerie, -, -n
das Dienstverhältnis, -ses, se
das Quartal, -s, -e
die Kündigung, -, -en
der Anspruch, -s, Ansprüche
das Sparbuch, -s, -bücher
der Haushalt, -s, -e
der Diensteintritt, -s, nur Sing.

der Termin, -s, -e
der Stellenwärter, -s, -
der Sachverhalt, -(e)s, -e
die Möglichkeit, -, -en
der Bericht, -(e)s, -e
das Verhältnis, -ses, -se
die Richtigkeit, -, nur Singular
der Zweifel, -s, -
die Zeichensetzung, -, -en
das Komma, -s, -s (-ta)
die Aufzählung, -, -en
die Tabakwaren, nur Plural
die Angabe, -, -n
die Textilien, nur Plural

unbeständig	dalmatinisch	praktisch	um zu
umfassend	riesig	vertragsgemäß	ohne zu
ewig	insgesamt	darüber hinaus	anstatt zu
bescheiden	flach	jahrelang	kompliziert

XVIII

überlasten + A, überlastete, hat überlastet
 Die ständige Ausweitung des Geschäftes überlastet den Inhaber.
berücksichtigen + A, berücksichtigte, hat berücksichtigt
 Wir müssen den Geschmack der Kunden berücksichtigen.
beabsichtigen, beabsichtigte, hat beabsichtigt
 Er beabsichtigt, diesem Angestellten Prokura zu erteilen.
erteilen (Prokura), erteilte, hat erteilt
 Er hat ihm Prokura erteilt.
veröffentlichen + A, veröffentlichte, hat veröffentlicht
 Er läßt ein großes Stellenangebot veröffentlichen.
zusammenfassen + A, faßte, hat gefaßt
 Er faßt die Bedingungen in einem Stellenangebot zusammen.
sich etwas (jemanden) vorstellen, stellte vor, hat vorgestellt
 Wir stellen uns eine dynamische Persönlichkeit vor.

sich vorstellen + D, stellte sich + D vor, hat sich + D vorgestellt
Die Bewerber stellen sich dem Geschäftsinhaber vor.
absagen + D, sagte ab, hat abgesagt
Er sagt den meisten Bewerbern ab.

die Ausweitung, -, -en

die Marktkenntnis, -, -se

der Geschmack, -s, Geschmäcke

die Preislage, -, -n

die Vollmacht, -, -en

die Ausgabe, -, -n

die Prokura, -, -en

die Persönlichkeit, -, -en

die Bewerbung, -, -en

der Lebenslauf, -s, -läufe

der Bewerber, -s, -

die Zeugnisabschrift, -, -en

der Gehaltsanspruch, -s, -sprüche

die Schulbildung, -, nur Singular

die Staatsangehörigkeit, -, -en

die Oberschule, -, -n

die Absage, -, -n

die Übersicht, -, -en

die Reifeprüfung, -, -en

die Unterlage, -, -n

gründlich   dynamisch   handgeschrieben   weitgehend
gängig   ausführlich